O conformismo
dos intelectuais

Conselho Editorial

Alex Primo – UFRGS
Álvaro Nunes Larangeira – UTP
Carla Rodrigues – PUC-RJ
Ciro Marcondes Filho – USP
Cristiane Freitas Gutfreind – PUCRS
Edgard de Assis Carvalho – PUC-SP
Erick Felinto – UERJ
Francisco Rüdiger – PUCRS
J. Roberto Whitaker Penteado – ESPM
João Freire Filho – UFRJ
Juliana Tonin – PUCRS
Juremir Machado da Silva – PUCRS
Marcelo Rubin de Lima – UFRGS
Maria Immacolata Vassallo de Lopes – USP
Michel Maffesoli – Paris V
Muniz Sodré – UFRJ
Philippe Joron – Montpellier III
Pierre le Quéau – Grenoble
Renato Janine Ribeiro – USP
Rose de Melo Rocha – ESPM
Sandra Mara Corazza – UFRGS
Sara Viola Rodrigues – UFRGS
Tania Mara Galli Fonseca – UFRGS
Vicente Molina Neto – UFRGS

Michel Maffesoli
Hélène Strohl

O conformismo dos intelectuais

Editora Sulina

© Éditions du Moment, 2013
© Editora Meridional, 2015
Título original: *Les Nouveaux bien-pensants*

Revisão técnica: *Juremir Machado da Silva*
Tradução: *Tânia do Valle Tschiedel*
Capa: *Humberto Nunes*
Projeto gráfico: *Daniel Ferreira da Silva*
Revisão: *Matheus Gazzola Tussi*
Editor: *Luis Antônio Paim Gomes*

DADOS INTERNACIONAIS DE CATALOGAÇÃO NA PUBLICAÇÃO (CIP)
BIBLIOTECÁRIA RESPONSÁVEL: DENISE MARI DE ANDRADE SOUZA CRB 10/960

M187c	Maffesoli, Michel
	    O conformismo dos intelectuais / Michel Maffesoli e Hélène Strohl, tradução de Tânia do Valle Tschiedel.-- Porto Alegre: Sulina, 2015.
	    182 p.
	
	        Título original: Les nouveaux bien-pensants.
	        ISBN: 978-85-205-0740-7
	
	        1. Sociologia. 2. Sociologia Política. I. Strohl, Hélène.
	
	                        CDU: 316
	                        CDD: 301

Todos os direitos desta edição reservados à
EDITORA MERIDIONAL LTDA.

Av. Osvaldo Aranha, 440 cj. 101
Cep: 90035-190 Porto Alegre-RS
Tel: (051) 3311-4082
www.editorasulina.com.br
e-mail: sulina@editorasulina.com.br

{Setembro/2015}

IMPRESSO NO BRASIL/PRINTED IN BRAZIL

Um livro para os espíritos livres
Para André Dedet

Sumário

Esclarecimento, 9

I. O conformismo lógico, 11

II. O jornalismo ou "a era da página de variedade", 55

III. Estepe teórico, 71

IV. A ópera bufa do político, 103

V. Altos funcionários, a tribo das tribos, 131

Abertura, 175

Esclarecimento

Michel Maffesoli e Hélène Strohl mantêm uma relação de cumplicidade há muito tempo. Hélène Strohl aceitou, portanto, com prazer o convite de Michel Maffesoli para acrescentar um capítulo ao livro que ele acabara de escrever. De fato, pareceu-lhe interessante ilustrar as críticas feitas por ele aos "donos da opinião publicada" – intelectuais, jornalistas, políticos – em função da experiência dela com altos funcionários públicos. Essa tribo concentra, efetivamente, uma grande parte das imperfeições e anacronismos destacados nos quatro primeiros capítulos da obra. Evidentemente que a escrita e o tipo de argumentação empregados nesse quinto capítulo diferem muito do restante: a formação de Hélène Strohl, ex-aluna da ENA (Escola Nacional de Administração), idêntica à que ela critica, levou-a a adotar um estilo mais argumentativo e descritivo do que teórico e meditativo. Não se trata, então, de uma escrita a duas mãos, mas sim de uma obra com dois autores, cada um conservando a sua forma e o seu estilo próprios.

I
O conformismo lógico

*"No fundo, toda minha
filosofia existe,
como qualquer verdadeira filosofia, para justificar,
para reconstruir o que é."*
Marcel Proust, *Contra Sainte-Beuve, O.C. tomo IV*

Não dá mais para aguentar tamanha verborragia! O que não deixa de ter consequências na desvalorização da palavra pública, pois o bom senso popular compreende, intuitivamente, que essa é, essencialmente, uma mistura de mentiras e de hipocrisia. Palavra, aliás, que só tem de público o nome, uma vez que é, antes de tudo, a expressão de um meio fechado em si mesmo. Por isso o desprezo, cada vez mais evidente, em relação aos que dela fazem uso, pois se percebe bem que a *intelligentsia*, ou *aqueles que têm o poder de dizer, o poder de fazer*, agem como bombeiros piromaníacos. A falsidade, que é seu fundo de comércio, legitima, inconscientemente, as múltiplas incivilidades sociais que ela não deixa de denunciar aos berros. Em termos mais claros, podemos dizer que as tantas mentiras dos pilantras dos bairros chiques são a causa escondida da delinquência do *populacho* da periferia!

É suficiente, então, escrever para aqueles que entendem meias palavras, ou, em outros termos, não demonstrar, mas mostrar. Deixar para *tornar um monstro* (*monstrear*)[1] o que pode dar medo, porque é o que se deve fazer. Ter a coragem de mostrar, a exemplo do video clipe *College Boy*, da Indochina, fenômenos sociais que não podem ser negados, dos quais, às vezes, somos os responsáveis inconscientes. Não é a mesma coisa que David Bowie nos propõe com seu clip *The Next Day*? A violência *tornada monstruosidade* (*monstrée*) permite uma catarse coletiva e assim limita nela os efeitos perversos. Eis o que deve levar a pensar sem consideração pelos preconceitos, sejam eles quais forem. Divertir-se arrancando o véu de Maya, o da ilusão própria do conformismo dos clichês, a única atitude capaz de interromper a sonolenta rotina filosófica do pensamento estabelecido; a única atitude que favorece esta *"revolta das palavras e das ideias"*[2] que acompanha a efervescência da vida vivida; a única atitude, enfim, que permite ouvir o grito que a sociedade *oficiosa* lança a uma sociedade *oficial* mal posicionada. Grito de revolta contra o que morre demasiado lentamente e contra esses mortos-vivos que infestam os caminhos da vida!

Trata-se de uma casta arrogante, mas, sobretudo, ilhada, e que, por isso mesmo, esquece o resto do mundo,

---

[1] N.T. Jogo de palavras com mostrar e monstrear, ou seja, tornar um monstro.

[2] Chateaubriand.

o verdadeiro mundo, pois a retaguarda modernista (quando se diz moderno, deve-se pensar em defasado) atua como os cães de guarda de uma verdade dogmática. Obnubilados, sem o saber (é exatamente isso uma obsessão), pelas falsas esperanças marxistas cujas desastrosas consequências o século passado (XX) nos mostrou. O que se vai reencontrar nas análises controvertidas de um Bourdieu, ou nos tantos sectários *bourdivinos*, mascarando seus simplismos dignos de conversas de mesa de bar sob um amontoado teórico característico de todos os bizantinismos desprezíveis em relação ao pensamento do espaço público. Nessa área, o jargão continua a ser incoerente nos planos econômico ou político, esquecendo que tudo, justamente, começa pelas ideias que se enraízam na mística popular.

Daí a necessidade de estar atento a uma atmosfera mental na qual, além do narcisismo ou do egoísmo próprio a um individualismo reivindicado, é muito mais um *nós*, da comunidade, das vibrações comuns, que, sub-repticiamente, tende a se propagar. A França escondida, este "*país real*" do qual Auguste Comte falava, se apoia no (res)surgimento do sentimento de pertença, de repente, insurgindo-se, cada vez mais, contra os representantes – experts, jornalistas, políticos – do conformismo dominante. A desconfiança em relação às elites toma uma dimensão inimaginável; ela constitui o verdadeiro ruído de fundo do mundo contemporâneo. Perceber isso, no entanto, não é uma coisa fácil, pois a capacidade de resistência do mundinho do novo conformismo intelectual, em relação a sua colocação, não pode ser mais sofisticada ou, em outras palavras, dissimulada; ou, ainda, como dissemos antes, mentirosa. Assim, para bons entendedores, tudo depende de como cada pessoa vê a crítica ao pensamento único. Mas não se deve usar um método exato para denunciá-la; seria demasiadamente eficaz! Para parafrasear o título de uma obra de Descartes, os *Regulae*, ou seja, as *Regras para a direção dos espíritos*, isso é que dá medo.

Um exemplo, entre tantos outros, é essa proposta de bistrô, um bistrô de alta classe, obviamente, como o Lipp, no bairro Saint-Germain. Jean-Paul Enthoven[3] pedindo energicamente a morte do pensamento conformista dominante. Para ser mais preciso sobre isso, dizer que ele não tem a estatura necessária. Tradução: que se sacrifique a resistência do pensamento à facilidade jornalística e, sobretudo, que não ataquemos os autores de casa; a sua, principalmente, esses autores de série B como Bernard-Henri Lévy, Michel Onfray ou Caroline Fourest, produtores emblemáticos dessas cachoeiras de água morna de bons sentimentos que nos afogam diariamente. Assim é a hipocrisia própria da ideologia francesa; produtos sem envergadura, que nada destacam radicalmente, contentando-se em fazer poses. Eventualmente poses de vituperadores e até de agitadores; ninguém mais se incomoda com isso de tanto que se resmunga sobre a facticidade dessas atitudes. Lembremo-nos aqui do *Tartufo*, de Molière: "Quanta afetação e fanfarronice". Depois, causa-nos espanto que os povos não se identifiquem mais com as elites especializadas, ao mesmo tempo, na mentira e nos bons sentimentos, mas, é verdade, que é quase o mesmo. O paradoxo da facticidade é a docilidade se paramentando com as virtudes da contestação. Não esqueçamos que o mais próximo da

---

[3] N.T. Editor, escritor e jornalista bastante conhecido na França.

etimologia de *contestare* é *"testemunhar com"*. A revolta de um Rimbaud ou de um Debord era solitária; a contestação que seus discípulos conduzem é gregária ou consiste, segundo a expressão de Madame de Sévigné, em "fofocar", ou seja, provocar no mundinho. Na teatralidade dominante, significa atuar para os habitantes do triângulo de ouro parisiense, fazer o papel do insubmisso; mas ninguém é ingênuo! Chateaubriand, que fora confrontado a falsários do mesmo calibre, falava desses "heróis da domesticidade", sempre prontos a se ajoelhar diante dos poderosos do dia, mas gesticulando muito. Decididamente, não há nada novo sob o sol de Satã!

O negócio dos comerciantes e dos filisteus tem, ainda, belos dias pela frente. Assim, outro exemplo em que não falta sal é a organização por diversos ministérios (da Educação Nacional e da Cultura, não é pouca coisa) de uma Festa da Filosofia. Louvável intenção. Como se sabe, o *Homo Festivus*, ou seja, *Eroticus* é muito atual. Por que não celebrar a Filosofia? O problema é que, para fazer isso, o mais indicado é justamente Jacques Attali[4], um especialista em copiar/colar. Eis um belo exemplo dado à juventude para honrar o amor da sabedoria! Um amador de palhaçadas intelectuais que participa de uma manifestação posta sob a invocação de Sêneca: "Filosofar é aprender a viver!" Deve-se, entretanto, dizer que os filósofos mais sérios se recusaram a dar apoio a tal espetáculo mentiroso. A Festa da Filosofia se junta às da Ciência, do Patrimônio, etc., ocasiões de venda de um intelecto uniformizado. Em

---

[4] N.T. Economista, escritor, alto funcionário público e consultor dos presidentes franceses François Mitterrand, Nicolas Sarkozy e François Hollande.

cada um desses casos, numa espécie de confusão de sentimentos, mistura das menos atraentes, o economista-*sherpa*[5] torna-se filósofo, o conselheiro político se mete a expert, o jornalista se autoproclama escritor. Enfim, todos "pensadores". Que se contentem em "ficar pensando", pois, apesar de tudo, esses "casos" rendem dinheiro! Mistura de gêneros que, favorecendo o mundinho de sempre, torna todo mundo suspeito: "*Sempre os mesmos!*"

Fazendo uma ótima distinção entre "o político e o cientista", Max Weber delimitava bem os campos de competência de cada um, o que não autorizava a confusão entre a militância e o pensamento, algo que os incontáveis Senhores Homais da sociologia, da economia ou da filosofia tendem a esquecer; mascarando o papel de *conselheiros do príncipe*, permitem-se dar lições de cientificidade de qualquer jeito! Quanta bobagem...

As bobagens de que se acabou de falar e outras coisas de que ainda se falará são, simplesmente, uma negação do real. Não se deve (querer) ver o que aí está. O que salta aos olhos é a condenação de nossa falsa consciência, de que temos uma má consciência, daí a necessidade de um pensamento radical, de um pensamento que vá até a raiz das coisas.

A encampação do espírito crítico no pensamento conformista dominante contemporâneo poderia ser simplesmente risível e só merecer um rápido dar de ombros. Com tudo que a *intelligentsia* desfruta, porém, mais ou menos inconscientemente, como marchar na cadência de determinada música militar? Ainda que (especificidade de nossa espécie animal), embora as palavras (*les mots*) que fundam o *viver-junto* não sejam mais per-

---

[5] N.T. Os que organizam previamente o encontro entre líderes e preparam os documentos a serem assinados.

tinentes, os *males* (*les maux*)[6] aí estão, recorrentes. Vale retomar esta dicotomia de Auguste Comte: a clivagem entre o país real e o país legal não pode ser mais evidente. Daí o sucesso dos discursos demagógicos, sinal incontornável desta *secessio plebis,* dessa separação política de um povo que não se reconhece mais no errático discurso de uma elite que não pode estar mais defasada.

Para retomar uma expressão de Durkheim, o conformismo lógico é que assegura a solidez do *viver-junto*. São ideias comuns, valores fundadores que, em seu sentido literal, garantem o elo social; numerosos foram os pensadores argutos que analisaram o que constituía o princípio gerador, diretor, organizador de uma dada época. O consenso, ou seja, o sentimento compartilhado, não pode ser mais tributário de tal consciência, e, mais ainda, de tal inconsciente coletivo. O desprezo dos pobres em relação às elites é, agora, visível; sua rejeição não pode mais ser mascarada. Os políticos enfrentam o deboche e os corruptos ganham terreno. Trata-se aqui de um tema recorrente, mas que toma, atualmente, uma nova proporção, pois os *intelectuais experts* não convencem mais; pressente-se que esses pesquisadores, funcionários estáveis, nada descobrem e custam muito caro à coletividade. Quanto aos jornalistas, suas mentiras sucessivas, ao longo do tempo, os invalidaram; eles podem falar nos seus lugares ou na tevê, mas as pessoas só lhes prestam uma atenção distraída: vai falando, você me interessa... Cretinismo generalizado? Certamente incompreensão do contexto social que é a causa e o efeito de uma decadência política, social, econômica, intelectual, de consequências desconhecidas. A

---

[6] N.T. Jogo de palavras: *les mots*: as palavras; *les maux*: os males.

expatriação de vastas camadas de populações juvenis (e dos menos jovens também) para horizontes longínquos é o sinal patente de tal desconfiança.

De acordo com um lugar comum herdado do século XIX, que faz da infraestrutura econômica a base de tudo, é cada vez mais evidente que o imaterial é que condiciona o elo social e permite, então, a sua sobrevida ou seu declínio. Não é assim que se pode compreender a observação de Milan Kundera: "Os amores são como impérios; desaparecendo a ideia sobre a qual se apoiam, caem junto com ela"[7]?

Mas, há momentos em que essa ideia perde sua energia e força específicas. Os sociólogos, como Pitirim Sorokin, falaram sobre saturação. Pela usura, pela fadiga e também pelo esgotamento, a ideia não pode mais exercer sua função agregadora. Como um amante que perdeu sua faculdade de atração, só lhe resta um vestígio de pouca importância, que perdura, bem ou mal, até que nasça outro campo magnético; mais mal do que bem.

Trata-se do indubitável sintoma de todos os períodos de decadência; isso é a crise: um momento em que, ao não ter mais consciência do que se é, deixa-se de ter mais confiança no que se é; como a crise, um julgamento (*crisis*) feito pelo que nasce sobre o que está desaparecendo. A crise está em nossas cabeças! Para parafrasear Leonardo da Vinci, é uma *cosa mentale*, uma coisa que trabalha no espírito coletivo.

É nesses momentos de mutação que o conformismo lógico se abstrai da vida social. Ele se desfaz e não é nada além de uma teoria intelectual para uso de alguns. É o que significam, por exemplo, para as novas gerações os deslumbres eternamen-

---

[7] *A insustentável leveza do ser*, Companhia das Letras, 1984.

te repetidos sobre a democracia, a cidadania, o contrato social, a República e outros pensamentos do mesmo tipo; tudo isso só faz sentido no âmbito de um microcosmo dos mais reduzidos. De fato, isso só diz respeito aos que têm o monopólio da palavra e da ação, como as elites que tentam impor suas opiniões, herdadas dos séculos XVIII e XIX, como se elas ainda vigorassem na existência concreta, na vida corrente, na banalidade diária. É essa lacuna que devemos analisar.

Para isso é preciso dar os nomes de plagiários, de infratores, de interesseiros, o que será minimamente feito, ao nomear somente algumas caricaturas, alguns grandes faladores das asneiras intelectuais dominantes. Trata-se, aqui, de estilizar algumas figuras, geralmente pouco interessantes existencialmente, mas paradigmáticas de um ponto de vista social. Além de inflados por um vento nauseante, são meros *exemplos* que provocam a reflexão no devir do mundo como ele é. Esses nomes podem ser substituídos por outros equivalentes; são só etiquetas que podem ser colocadas em outros produtos igualmente adulterados. Assim, para medir o estado de decadência a que chegou o que resta do pensamento francês, é suficiente ver com que impunidade um ensaísta especulador como Alain Minc pode, apesar de condenado por *"falsificação e reprodução servil"*, continuar vendendo produtos de segunda mão sobre o grande Spinoza ou outras figuras emblemáticas[8]. Sem esquecer, bem entendido, a pu-

---

[8] Sem falar do último ensaio sobre Jean Moulin e Réné Bousquet, é suficiente lembrar o que o seu *Spinoza, un roman juif* (2001) devia ao livro de Patrick Rödel, *Spinoza, le masque de la sagesse* (1997). Para o próximo, pode-se sugerir-lhe, a fim de evitar incômodos, ser menos mesquinho com seus escravos!

silanimidade dos editores e o conformismo da mídia. Sem querer bancar um *mastigóforo* ou um chicote do mundo, é preciso, às vezes, fazer como os pedantes. Mas como eles são lacaios, é inútil ser delicado; a espada não é necessária, pois para eles basta o porrete.

De fato, as opiniões reinantes que estão em destaque constituem o que eu havia, em outro momento, nomeado como *opinião publicada*. Em destaque, no sentido em que carteliza as mídias, os escritórios políticos, os diversos observatórios instalados pela administração pública, sem esquecer as comissões e agências de avaliação universitárias que têm a pretensão de regular a dita comunidade científica. Para estes últimos, pode-se ainda falar de intelectuais, ou mesmo, de pensadores? Não, eles são somente empregados da universidade, sem nenhuma amplitude de visão, mas cheios de ressentimento em relação a eles mesmos e ao mundo em geral.

Tudo isso é, na maior parte do tempo, constituído de espíritos servis que só têm como pensamento uma ideologia, uma moral, preconceitos políticos ou religiosos. É a partir dessa desordem que eles têm a pretensão de dizer ao mundo o que ele deve ser. Mas é preciso lembrar a judiciosa fórmula de Chateaubriand: "A ambição para a qual não se tem os talentos é criminosa"? Criminosa, desde que, ao se distanciar da vida de todos os dias, o pensamento conformista dominante favorece o sucesso dos extremismos e discursos demagógicos de todos os tipos.

É o que começamos a saber. É suficiente, a esse respeito, observar, para nos convencermos disso, a desqualificação das elites, a desconsideração visando à política e a desconfiança em relação à mídia; e o desprezo em relação aos intelectuais e o descrédito que ataca a produção normativa dos altos funcionários. O povo rebela-se e não se reconhece mais naqueles que supostamente devem dizer-lhe o significado das coisas ou que têm a pretensão de falar em nome dele. Eles se esforçam em hipnotizar o cliente, mas este não se deixa mais conter!

Deve-se dizer que, frequentemente, trata-se de histriões que discursam com soberba para afirmar com a mesma certeza hoje o que se empenhavam em negar ontem. Seria, assim, fácil fazer a lista das asneiras sucessivas de um ou outro economista membro, como de costume, do conselho de projeção econômica, que depende do governo. Mostrar como ele pode dizer tudo e qualquer coisa, qualquer coisa e tudo, sobre a crise que ele não suspeita, nem por um instante, que possa ser outra coisa além de simplesmente econômica. É certo que a economia é de sua competência, mas ele poderia ainda admitir, com humildade, que ela se situa no campo, mais vasto, do societal.

No circo, o palhaço se chama Augusto. Para nosso lacaio cômico de serviço, escolha, amigo leitor, um desses economistas experts tão vazio quanto pretensioso, tão suficiente quanto desnecessário, e, como num jogo de sociedade, atribua-lhe um número. Nosso economista expert 1, 2, 3... é, nesse sentido, uma figura emblemática dessa pretensão. Ele é frequentemente incorreto nos seus diagnósticos e engana-se sempre em seus prognósticos. Assim, um dia a crise não existe e, no outro, *ele bem que tinha avisado*; no outro, enfim, "ela está quase acabando" e assim por diante. A economia é uma disciplina descritiva, e não prospectiva. E, ainda mais, ela se apoia na análise de comportamentos coletivos, pela essência, pouco previsíveis. A pretensão dos economistas em prever "a saída da crise", a "retomada do crescimento", etc., só está baseada em sua opinião. Isso não seria criticável se não houvesse a pretensão de basear-se em uma suposta cientificidade. Mas, no conformismo próprio à opinião publicada, é esta última que lhe assegura o conforto das pantufas nos programas de televisão, nas emissoras de rádio e em conselhos já mencionados.

Será preciso tornar a falar de tudo isso em detalhes. Mas, na prostituição dominante, reconheçamos que não é fácil ser espíritos livres. E, no entanto, nesta época de mutações na base, não é essa a primeira das urgências? Não é essa a mais imperiosa das necessidades? Trata-se aí de um dever de lucidez, de bom senso e de razão correta reunidos que, com constância, se tenta manter, ao mesmo tempo, fora do espírito de partido e fora desses lugares comuns que se arrastam em todos os esgotos da vida pública. Seguimos, nisso, a citação desta grande dama do pensamento que é Hannah Arendt: "O não conformismo é a condição *sine qua non* da realização intelectual"!

Certamente é um caminho estreito, um fio de linha muito arriscado, pois o pensamento conformista dominante se esforça para excluir os que não têm o odor da matilha. E, no entanto, é preciso continuar a seguir esse caminho, pois a ideia nascente da pós-modernidade, apanágio, particularmente, das novas gerações, não tem o que fazer com a arrogância dos sábios cheios de um filistinismo abstrato. O dinamismo juvenil é igualmente indiferente a esses pregadores de esquina, comerciantes de sopa adulterada, que se empregam em vulgarizar excessivamente, a golpes de polêmicas inúteis, uma montoeira de pensamentos combinados; sem esquecer as demagogias que agradam aos instintos mais baixos de nossa espécie animal: medos, rejeições, intolerância!

Goethe nos lembra: "Eu fui um homem, ou seja, um

ser que luta." O pacto de lucidez que se impõe aos espíritos livres requer a aceitação do risco, com a amarga grandeza que sempre o acompanha. É preciso coragem para ir contra as ideias convencionais, ao mesmo tempo, dominantes e obsoletas. Não dizemos que a coragem é um misto de *coração* (cor) e de *raiva*? Em outras palavras, ao mesmo tempo, nobre e natural, enraizada na tradição, sabe, por um saber incorporado, inspirar-se nas banalidades da vida cotidiana.

O que mostra um estilo um tanto altaneiro, que as mentes apressadas, habituadas às facilidades jornalísticas, aceitam com dificuldade. No entanto, afinal, é esse estilo de pensamento que prevalece. Para mostrar apenas um exemplo recente, entre milhares mais antigos, a conspiração do silêncio que tem como objetivo atingir a obra de Breton ou, numa linhagem próxima, as de Guy-Ernest Debord ou de Jean Baudrillard, não pôde resistir ao soro da verdade que eles destilavam para a compreensão em profundidade de suas respectivas épocas. Posso aqui recordar: *o anômico de hoje é o canônico de amanhã?* O que evidentemente pode tornar o picante de uma obra num insignificante produto do espetáculo comercial. Não podemos admitir que o fluxo de manifestações e de elogios que foram, repentinamente, jogados sobre a tumba de Guy-Ernest Debord constitua uma séria consideração de sua obra. Trata-se, antes, de uma apropriação da herança, ou, melhor, de uma valorização comercial dela. Com efeito, a apropriação de uma obra pelas viúvas mais preocupadas com a honra e a pompa ligadas ao nome que elas ostentam com tanto brilho do que com a preservação da carga discreta e libertária da própria obra é algo frequente. Certamente Guy-Ernest Debord não teria apreciado ficar exposto como uma piada situacionista na Biblioteca Nacional da França e ser considerado como um tesouro nacional. Quando vivo, ele, em todo caso, excluiu numerosos amigos por pecados mais veniais.

É por isso que, com segurança, mas igualmente com serenidade, é preciso lutar contra os que se intitulam tutores da Verdade das coisas e que só estão no meio de plagiários ou, pior, de falsificadores. Sabe-se ou pressente-se que numerosos discursos do pensamento estabelecido não se preocupam em compreender. Só se preocupam com eles mesmos e, como um exemplo extremo, o de um jornalista versátil, Joseph Macé-Scaron, que, convencido das indelicadezas notórias e dos múltiplos empréstimos (entre seus pseudônimos: Joseph Macé Scanner ou o Barão do Empréstimo), continua a discursar em diversos *talk shows* e a dar lições de moral em todos os assuntos e a todo mundo. Como ele, são numerosos os Tartufos que resmungam suas preces republicanas a fim de esconder melhor suas infâmias e seus furtos[9].

---

[9] Folha corrida: lembro-me dele implorando por seus artigos no *Figaro* onde ele começou, maurrasiano, com o apoio do GRECE e da Nova Direita, que nem por isso ele deixava de injuriar. Quando Sarkozy resolveu escrever, ele tornou-se (para agradar seu novo empregador: *Marianne?*) um de seus piores carrascos. Pequeno burguês e clássico pai de família que insultava o comunitarismo, ele é, desde seu *outing,* um dos pilares da comunidade gay. Sua conversão à ortodoxia (não se pode desprezar nada) lhe valeu alguns apoios. Enfim (mas é mesmo o fim?), ele recebeu, pelo seu *Montaigne, notre nouveau philosophe,* o prêmio da Maçonaria francesa, em 2003. Eu o ouço, ainda, dizendo-me, quando eu presidia uma banca, "que ele era de". De quê? De tudo e de qualquer coisa. O que testemunha sua prática, bem pessoal, da *intertextualidade.* Poderíamos dar muitos outros exemplos, nesse sentido, para exprimir o que a sabedoria popular, chama, com justiça, de um falso irmão! Mas, sejamos caridosos e façamos-lhe a esmola de uma citação. Talvez ele aplique a fórmula de Sêneca, que Montaigne conhecia bem: *"Nunquam traditor, semper explorator".*

Existem muitos como ele, destituídos de uma causa, que mantêm o mesmo espírito inquisidor a serviço de outra causa que, momentaneamente, defendem. Para dizer, conforme uma expressão que designa, no século XIX, aqueles que fugiram de sua Igreja, eles continuam com o ar sacerdotal e as maneiras inerentes! É por se fazer de sectários da Verdade que podem impingir suavemente suas mercadorias avariadas a um público atordoado que tem dificuldade para distinguir o autêntico da simples imitação. Mundo invertido onde o que Guy-Ernest Debord chamava de espetacular integrado, a falsificação, toma o lugar da verdade; mundinho qualquer das elites fundadas na mentira; simulacro cujo império foi analisado, com acuidade, pelo saudoso Baudrillard.

Compreender é muito mais complexo! Chegando o mais perto de sua etimologia, isso quer dizer *pegar junto* todos os elementos de um Real (dos mais anódinos aos que são reconhecidamente importantes), e não aplicar, ou tentar aplicar, teorias preestabelecidas. É ajustar-se ao que é, não decidir categoricamente o que devem ser o indivíduo, a sociedade, o social, etc. Os espíritos subservientes são cheios de preconceitos, cada um mais infantil do que o outro. A esses pode-se aplicar a ironia de Proust: "Uma obra que possui teorias é como um objeto no qual se deixa a etiqueta". Compreender é muito mais rico, pois leva em conta a inteireza do ser individual e coletivo. É o que Auguste Comte chamava de empirismo organizador que permite apreender o país real, não o que gostaríamos que ele fosse. Empirismo organizador e país real apoiam-se na interdependência das palavras, das ações e das coisas. O que necessita da prudência e do discernimento e também da humildade, que sabemos ser característica desse verdadeiro humanismo que reconhece todo o húmus do qual o homem é constituído.

Eu só usarei um exemplo dessa renúncia, ou seja, os avisos repetidos contra um suposto perigo comunitarista. Como se o modelo de integração republicana, especialmente nos bairros mais cosmopolitas, mostrasse uma eficácia admirável. Como se não precisássemos ver nas explosões, especialmente da juventude, uma vontade de mostrar na frente do palco a existência desses grupos, dessas comunidades, que eu chamei, há mais de trinta anos, de tribos. Pois a sensibilidade ecosófica, que atualmente tende a se espalhar, se apoia nos entrelaçamentos fecundos de uma pessoa que floresce na sua tribo, a partir de um lugar, real ou simbólico, que lhe permite ser o que ela é. É exatamente o que os jovens da periferia vivem. Mas é, mais precisamente, o que os de conversa pedante, própria dos espíritos limitados, não compreendem, rotulando de comunitarismo a reversibilidade da qual se falou, que os novos meios interativos de comunicação não deixam de fortalecer. Para falar mais simplesmente, quem pode, atualmente, se abstrair dos lugares comunitários? Quem, para o melhor e para o pior, não utiliza os famosos *mailing* para se comunicar?

A luta contra o suposto comunitarismo ou contra a opressão das mulheres oculta, às vezes, motivos pouco honestos. Existem as comunidades formais ou informais respeitáveis e as outras: as religiões reconhecidas, excetuando o islamismo, as diversas obediências de pensamento livre, os clubes e partidos, mas também os agrupamentos formais ou informais de pessoas com orientações sexuais semelhantes. Eles têm o direito de se mostrar e de se defender das discriminações.

Em contrapartida, as mulheres envoltas em véus, as testemunhas de Jeová, que recusam as transfusões de sangue, os que seguem esta ou aquela "seita" e que preferem trabalhar preferencialmente aos domingos e não aos sábados, esses sim constituem ataques à República. República que se construiu pouco a pouco como um lugar de conservação das opiniões e dos costumes de um século amplamente ultrapassado. O combate contra o porte de véu é testemunha disso: encontra-se aí a agressividade desses laicos *comedores de padres* que esqueceram que suas mães e avós não sairiam jamais "com os cabelos soltos". É, no entanto, mais eficaz, mesmo para aqueles que desejam libertar as mulheres da opressão do véu, admitir que um dos caminhos de sua emancipação seja permitir-lhes adquirir seus diplomas, frequentando a universidade com seus véus.

Deve-se esquecer que essa servidão do véu, ou, pior, da burca, é uma escolha das mulheres e que em nosso país todas têm meios para escapar disso? Que essa escolha não seja a da maioria das mulheres e dos homens educados depois de 1968 é uma coisa, além de não ser, também, a nossa. Mas que se autorize a intrusão cada vez mais insinuante do poder público na vida das pessoas, em suas relações íntimas, é outra coisa. O anticomunitarismo dissimula frequentemente a imposição dos valores de uma comunidade, judaico-cristã ou ateia, burguesa e instruída, em outras comunidades. Impor democracia, liberdade, emancipação, igualdade levou sempre aos piores totalitarismos.

Pois se a opinião dominante continua a se deleitar com o suposto individualismo contemporâneo, é preciso reconhecer que na vida cotidiana o que prevalece é o relacionismo. Dependência multiforme que se expressa no cuidado de estar sempre em contato com sua tribo. A publicidade, que tem um bom faro, nem que seja para poder vender todas essas próteses que nos servem de meios de comunicação, não se enganou ao se lembrar de certa exigência que propõe a utilização e a compra de um celular, de um tablet ou de outros objetos mais sofisticados que realmente úteis, mas que atuam como totens para as tribos primitivas: a de reencantar um mundo que a teoria racionalista moderna havia tornado um tanto gelado. O consumo torna-se cada vez mais um consumo em nichos, segmentado por tipos de consumidores. Em tribos. Termo empregado até nas correspondências do Ministério da Saúde (o Instituto Nacional de Promoção e de Educação para a Saúde publicou, há alguns anos, um livrinho sobre as tribos de comedores, com o objetivo de promover a reeducação alimentar). As reproduções dessa metáfora (que eu empreguei pela primeira vez nos anos 1980) são inúmeras, como cartazes e mensagens publicitárias e comunicações institucionais, que são testemunhas da justeza de minha intuição.

O politicamente correto, que é outra maneira de falar de um conformismo cada vez mais desconectado da vida corrente, certamente é desprezado, mas nem um pouco refreado. É urgente discernir suas características essenciais e, talvez, denunciar os que nele constituem sua base de comércio. Para fazer isso, num momento de águas rasas intelectuais, é preciso saber pensar de forma profunda. A harmonia aparece quando a sabedoria e a prudência trabalham juntas. Ou seja, quando não nos contentamos com a "agitação das causas secundárias", que impedem de ouvir o ruído de fundo do mundo, muito mais lancinante, o qual é difícil ignorar.

Certamente falar para não dizer nada é uma ocupação constante de toda vida social. Talvez, mesmo, seja uma forma de necessidade, quando não é somente um divertimento útil para se repousar das questões essenciais. Mas isso pode vir a ser perigoso quando atinge, como em nossos dias, um pico jamais visto. A conversa é para a sociedade *oficial* a marca do momento. A sociedade *oficiosa* escapa disso. E é seu ruído de fundo que precisamos interpretar. E isso ficando atento às palavras que se emprega.

É frequente zombarmos da famosa conversa pedante própria dos *apparatchiks*[10] de todos os tipos, dos aparelhos políticos e sindicatos aos tecnocratas ali afundados e jornalistas. Quanto aos intelectuais, seria pouco dizer que eles adoram isso! Aliás, eles chamam de linguagem especializada esse jargão morfológico e sintáxico que frequentemente tem como objetivo essencial esconder o simplismo do que lhes serve de pensamento. Falaremos, por exemplo, da histerese da curva de desemprego para falar desta coisa simples, que a opinião atrasa-se na tomada de consciência das evoluções

---

[10] N.T. É um termo coloquial russo que designa um funcionário em tempo integral do Partido Comunista da União Soviética ou dos governos liderado por este partido, ou seja, um agente do "aparato" governamental ou partidário ocupando qualquer cargo de responsabilidade burocrática ou política com exceção dos cargos administrativos superiores.

do mercado de emprego. Sem falar de impactar e outros neologismos incontornáveis desse pequeno círculo de poder. Maquiavel, em *O Príncipe*, observa esse perigoso corte entre o "pensamento do palácio" e o do "lugar público". Sabe-se, igualmente, que, no Japão, essa mesma língua do palácio é incompreensível para o povo em geral. Uma distinção como essa é, então, uma estrutura antropológica que reproduz a existente entre o sagrado e o profano. Mas quando ela é demasiadamente marcada, é preciso aceitar pagar o preço: o fato de que o povo não se reconhece mais nas elites que deveriam representá-lo. Desde então, não há como se espantar que ele seja sensível às sereias demagógicas dos extremos dos vários lados, as que incensam métodos radicais de agitação, ou incitam a se dobrar no jardim de uma ilusória preferência nacional.

Quando a bem denominada conversa pedante torna-se por demais rígida, não há razão para espantarmo-nos que o político deixe de ser a expressão da opinião pública. Portanto, o fenômeno da abstenção, particularmente evidente para as novas gerações, é a forma mais visível, mas não a única, do desprezo que existe entre as massas populares e as elites. O ritual das eleições só é apreciado, na verdade, sob sua forma espetacular. Tanto isso é verdade que em todas as épocas de decadência o público não estava atento, como o notara, com ironia, em seu tempo, Juvenal, em suas *Sátiras*, com *panem et circenses*, esse pão e esses jogos que nutriam o corpo e divertiam o espírito. O fracasso do recente referendo alsaciano, que pretendia racionalizar as instituições públicas e constituir uma região forte com as competências de dois pequenos departamentos, mostra, ao contrário, que a eleição séria, com base num projeto por melhor preparado que seja (meu saudoso amigo Adrien Zeller, antigo presidente da região, já falava há muitos anos sobre isso), não atrai mais as multidões.

As últimas décadas mostraram bem o desenvolvimento exponencial da espetacularização do político. Guy-Ernest Debord e Jean Baudrillard indicaram com justeza o vazio sideral da comunicação midiática e da intelectual. Empurrando uma posição crítica até o limite, eles viram a implosão da sociedade moderna. Foram pouco atentos, entretanto, mas voltarei a isso, aos numerosos sinais de uma forte lucidez popular, percebendo apenas os sinais negros da evolução societal.

Seja como que for, fala-se frequentemente para nada dizer, o importante é ocupar a frente do palco, o que é bem sintomático! Só o supérfluo interessa. Com a ajuda do desenvolvimento tecnológico, como o Twitter, o chilrear de uma pretenciosa musa ocupa, de forma imperiosa, todas as revistas que, em revanche, ignoram fenômenos muito mais importantes. Com sua acuidade peculiar, Pascal já tinha escrito que "o nariz de Cleópatra, se tivesse sido mais curto, toda a face da terra..."

Igualmente, na pessoa de Madame Récamier, Chateaubriand tinha uma inspiradora de grande qualidade. Nos nossos dias, no mundinho da opinião publicada, as carícias de uma estagiária da Casa Branca em Bill Clinton, as escapadas sexuais de um dignitário do FMI ou na França e as cenas do caso de um trio presidencial foram objetos, ao longo de páginas, de fastidiosos comentários políticos dos quais só se precisa dizer, ao modo de Mallarmé: *Aboli bibelot d'inanité sonore*! Abolido bibelô de inanidade sonora.

O que é ainda mais grave são as palavras sérias, as proposições realistas, cada vez mais frequentemente simples produtos de comunicação. O mesmo vale para a taxação dos altos salários, a interdição das remunerações escandalosamente elevadas e outras descobertas para acalmar o bom povo. Esses anúncios, aliás, só têm de simbólico o nome, impelindo mais para a divisão e a agressividade de uns contra os outros do que para a união em torno de convicções e de rituais comuns, o que seria o objeto do símbolo.

Diante dessas burlescas palhaçadas, é preciso lembrar que o combate pela verdade só acontece no campo da linguagem: encontrar as palavras oportunas que podem tornar-se palavras de base, pois, assim como o lembram certas sociedades de pensamento, a *palavra perdida* é exatamente o que sempre ameaça qualquer sociedade. Encontrá-la é uma perpétua pesquisa pelo Graal que deve ser atualizada em cada época, particularmente em épocas de mutação fundamental como esta em que vivemos atualmente.

Assim, nesta época em que prevalecem as páginas de variedades, talvez não seja inútil lembrar que o atual, a atualidade, só tem sentido pelo que, no cotidiano, é impermanente. Só existe o atual (a atualidade) se soubermos estar atentos ao que é inaugural. É como o fluxo de um rio, que só acontece a partir de sua fonte principal; em outras palavras, além das bagatelas anedóticas, é preciso saber localizar as raízes da mudança em curso. Aí está o segredo de um pensamento radical que não sabe mais o que fazer dos jogos retóricos das elites em perigo, com suas bravatas.

Montaigne diz que "os homens perseguem sempre boquiabertos as coisas futuras"[11], esquecendo o interesse pelo presente e pelas coisas passadas. O que é certo é que o mito do progresso é, na verdade, a doença específica de nossa espécie animal, uma verdadeira caixa de Pandora que contém todas as ilusões cheias de todos os perigos se não a temperamos com a sabedoria imemorial da tradição. Eu comecei minha carreira traçando uma análise crítica do progresso e do serviço público. Remeto o leitor curioso a essas páginas intempestivas[12].

Gostaria de indicar com isso que o progressismo é, potencialmente, destrutivo e que somente a progressividade, a do *enraizamento dinâmico*, pode nos ajudar a compreender o que vivemos no presente. Coisa muito simples, que os progressistas de todos os tipos se esforçam constantemente em negar. O pensamento empírico, o do bom sentido, o da sabedoria popular, sabe bem que o que deve nascer, o que é oriundo de uma determinada época, já amadureceu lentamente na época precedente.

Assim, à imagem de Janus de duas cabeças, o espírito lúcido, purgado das ilusões, sabe olhar um mundo que está acabando, o que permite descobrir as características essenciais do que emerge. Ao deixar a conversa pedante e fiada a suas vãs magias, é preciso ousar dizer que a velha

---

[11] *Ensaios I*, capítulo 3.

[12] Michel Maffesoli, *La violence totalitaire* (1979) [*A violência totalitária*, Porto Alegre, Sulina, 2001] capítulo III, «*Sociogenèse du progrés et du service public*», reeditado em *Après la modernité?* CNRS Edições, 2008, p. 445. Parafraseando Chateaubriand (*Mémoires d'outre-tombe*, Livro 13º, capítulo 11 [*Memórias de além-túmulo*], "um de meus livros do qual menos se falou e que mais se roubou."

fórmula alquímica é sempre atual: "Morro e renasço". Isso permite ressaltar que existem núcleos arquetípicos irrefutáveis, como o *qui sempre et ubique*, este sempre e em toda parte, que constituem a base (as bases) de nossa sólida e teimosa *canalhice*. Contra o politicamente correto dominante, é conveniente lembrar a verdadeira atualidade: a da pós-modernidade. Eu quase teria tendência a dizer, de maneira meio paradoxal, "o retorno da pós-modernidade", pela forma com que ela reinveste e *reatualiza* as características essenciais da pré-modernidade. Tribalismo, nomadismo, hedonismo, isso é exatamente o que está voltando aos nossos dias. Isso é o que a opinião publicada se recusar a ver, repetindo suas lamentações sobre o individualismo, a prisão domiciliar e o valor-trabalho.

Esquece-se de que Karl Marx foi o promotor desta última expressão e que era assim que ele via o homem dominar a natureza, e preparando assim os "amanhãs que cantam" da sociedade perfeita! Sabe-se como a ajuda de seus cúmplices, *gulags* e campos de reeducação, realizaram esse belo projeto. Há muitos que, ao legitimar e racionalizar a crueldade comunista, continuam a exercer seu terrorismo intelectual sobre uma *intelligentsia* atordoada. A esse respeito é instrutivo ver como um maoísta midiático como Alain Badiou fascina ainda este mundinho da opinião domesticada com sua citação: "Kampuchea vencerá"[13], que ficará como o exemplo final da cegueira criminosa dos doutrinadores. Filósofo? Novo inquisidor? As mentes alertas já decidiram: o problema não é mais esse.

---

[13] *Le Monde*, 17 de janeiro de 1979.

Ao contrário, é que continue a iludir dissertando de maneira obscura e obscurantista sobre a pertinência da ideia e da palavra "comunismo", do qual a história do século XX mostrou a barbárie[14].

Mas, de modo menos caricatural, a ilusão de um futuro melhor, forma profana da "cidade de Deus", de Santo Agostinho, está no próprio fundamento da ideologia ascética de todos os progressistas. É isso mesmo que os faz recusar, negar seria mais justo, a emergência da pós-modernidade. A esse respeito, é impressionante ver como, na França, jornalistas, políticos, intelectuais ou, melhor, a *intelligentsia* têm uma dificuldade louca até de pronunciar essa palavra. Vai-se falar de modernidade segunda, de hipermodernidade, de supermodernidade, de modernidade avançada e outras loucuras do mesmo tipo num esforço para tentar salvar um mundo desabitado, pois se trata exatamente disso: o inconsciente coletivo não se reconhece mais nos grandes valores

---

[14] Entre todos seus escritos dogmáticos, guardo um pequeno livro muito interessante, *Saint-Paul. La Fondation de l'universalisme*, PUF, 1997, que mostra bem as raízes teológicas, intolerantes, da "figura militante". Bons livros como esse do jovem filósofo Mehdi Belhaj Kacem (*Après Badiou*, Grasset, 2011) mostraram a estrutura totalitária desse marxismo de retaguarda. Talvez devêssemos falar marxismo de salão, em que o arquétipo fundador tornou-se o estereótipo evanescente, um pega-tolos, para jornalistas masoquistas: "Faça-me mal, Johnny"! Como acabamos de mostrar, a degringolada de Badiou no primeiro número francês de *Vanity Fair* lembra o que é, desde antigamente, a sabedoria filosófica: "Torna-te o que és". Nessa área, para o histrião em questão, ser um cômico público que, de seus seminários na Rua ULM até aos programas de televisão, serve as mesmas sopas inconsistentes em vez do alimento revigorante próprio de qualquer pensamento autêntico.

que constituíam a época moderna. Um ciclo começado com o século XVII acaba e não se consegue admiti-lo.

É exatamente nesta negação que se encontra a fonte do pensamento conformista dominante contemporâneo. Os deslumbramentos sobre a República, o Progresso, o Contrato Social, o Cidadão, a Democracia e outros termos sempre em maiúsculas só têm por objetivo mascarar a profunda desordem de um mundo oficial em relação a uma sociedade escondida da qual não se compreende as manifestações. Esta última dá cambalhotas. Ela dá um golpe nos valores estabelecidos e valoriza o lúdico, o festivo, o onírico, o imaginário. E assim lembra, do seu modo, que se trata de um eterno retorno do mesmo. Não é exatamente assim que, na sua obra tão bem denominada *De Natura rerum*, da natureza das coisas, Lucrécio lembrava que *Eadem sunt omnia semper*, as coisas são sempre as mesmas?

Essa é a *progressividade* da pós-modernidade, contra o *progressismo* moderno, que os pretensos tutores do povo não podem ver. Durante os períodos de mutação, é frequente exorcizar os medos em vez de afrontar novos valores. É assim que, de maneira extremamente retrógrada, se dará ênfase ao retorno do Estado, ao recurso ao Estado, à ideologia do serviço público, como se fosse uma panaceia universal.

É, aliás, esse medo em relação à emergência do desconhecido, com o sentimento trágico da existência, que isso não deixa mais de provocar; é esse medo, então, que explica os mais ou menos, as facilidades, o sentimento de impunidade, a total ausência de pudor, sem esquecer a maldade, que caracterizam as intervenções de todos os "experts", protagonistas ou comentadores da atualidade. Seria possível aplicar-lhes o comentário deste observador da coisa pública que sabia muito sobre o assunto, François Mitterrand, ao julgar seus amigos socialistas como "falsos revolucionários e verdadeiros burgueses", de que o noticiário é testemunha, ao seu prazer!

Permanecem "verdadeiros burgueses", esquerda e direita misturadas, ferozes defensores do *republicanismo* progressista elaborado ao longo do século XX. Totalmente inaptos para perceber o fervilhar cultural em gestação no mundo. *Nosso século é o verdadeiro século da crítica*, escrevia Kant, em 1781. Os *adeptos da burguesia* que, sabendo-o ou não (mais frequentemente, aliás, não o sabendo), se inspiram nesse axioma kantiano são incapazes de perceber a afirmação de outra forma, radical, de uma vitalidade que significa mais dizer sim à vida do que criticá-la em suas múltiplas manifestações.

A história do pensamento, simplesmente como história, é pontuada por períodos de fraquezas e de recrudescências não menos bruscos. Num desses momentos somos eixos onde a socialidade de base encontra uma inegável efervescência, enquanto que as elites emergem dificilmente de seu longo sonho dogmático. Isso é, aliás, causa e efeito desse ressentimento difuso que caracteriza as elites contemporâneas e sua mentalidade.

Ressentimento em relação ao que aí está, esta vida imperfeita. Ressentimento em relação aos ricos e aos poderosos (para os quais, diga-se de passagem, a vida está longe de ser invejável). Ressentimento em relação aos excessos e separações de qualquer ordem. A esse respeito, é interessante notar a curiosa valorização da normalidade que anda frequentemente junto com a normatividade. Para o homem do ressentimento, *cavaleiro da triste figura*, a vida deve ter normas segundo o modelo racional herdado da filosofia das

Luzes. O que não é racional é, necessariamente, irracional; o que não é lógico deve ser ilógico; o que não é positivo é inevitavelmente negativo. A alegria da existência, em sua relatividade, não deixa mais alegres esses cavalheiros que, constantemente, só sabem dizer não à vida, adornando-se, óbvio, com legitimações morais que os reconfortam em seus papéis de professores. Ao denunciar *A miséria do mundo*[15], Bourdieu[16] e seus vassalos justificaram assim, para inúmeros

---

[15] *La misère du monde*, Editora Seuil, 1993 [*A miséria do mundo*, Petrópolis, Rio de Janeiro, Vozes, 2003].

[16] É preciso observar que esse modelo de virtude, após ter explorado numerosos colaboradores, foi o autor de alguns roubos violentos de envergadura. 1- Assim, o leitor ficará surpreso em ver tudo que seus livros sobre a Argélia devem ao de Jean Servier: *Les portes de l'année. L'Algérie dans la tradition méditerranéenne*, 1962. Nessa época, aliás, este último pensou em abrir um processo. Algumas pressões políticas o fizeram renunciar a isso. 2- Não menos interessante, para os espíritos esclarecidos, é a leitura do livro de Ervin Panofsky: *Architecture gothique et pensée scolastique*, 1967. O conceito escolástico de "Habitus" está traduzido no corpo do texto por "hábito mental". Pierre Bourdieu retomou o termo original "Habitus" no posfácio! Graças a esse truque, *Habitus* é, agora, creditado ao sociólogo francês. Para voltar às fontes, cf. Saint Thomas d'Aquin, *Somme théologique. La vertu*, 1a-2ae, questões 49-60, edição bilingue, Desclée, 1933, p. 15. [São Tomás de Aquino, Suma teológica]. 3- Lembremos, enfim, que sob a cobertura de uma rebelião sombria, Bourdieu foi um "*Homo Academicus*" dos mais inquisidores. Jean Baudrillard contou-nos, frequentemente, como, após sua defesa de tese (com Pierre Bourdieu como membro da banca), pagou institucionalmente a conta. 4- Esses poucos exemplos são instrutivos e permitem relativizar o moralismo científico daquele que é considerado, em seu marxismo *new look*, como a garantia teórica de grande parte da elite francesa. Vejam, não é o velho Marx que sabia quase tudo sobre o assunto e que dizia que os "(pequenos) burgueses não têm moral, eles usam a moral"?

experts, altos funcionários e "patronesses" da sociedade, as suas funções castradoras. Seria preciso ter o talento de um vidente para mostrar que, de fato, é devido à miséria que têm em suas cabeças que eles vivem em seus mundinhos e que se contentam em projetá-la no mundo inteiro!

Pensamento de curta duração herdado do monoteísmo judaico-cristão: "A razão humana leva à unidade!"[17] Os "normapatológicos" modernos ficariam espantados de saber que lhes atribuíam o Bispo de Hipona como seu suposto ancestral. Ignorando o que são, com certeza, eles se regozijariam. No entanto, os jornalistas investigativos, comissários de obediência stalinista ou trotskista, perseguem, até não poder mais, os atos pecaminosos que é preciso denunciar e expiar. A condenação total da corrupção não é a forma moderna da estigmatização do pecado original? O noticiário é tudo menos avaro em relação a essas revelações de "jornalistas investigativos" que, dizem eles, defendem a honra da profissão. Não estarão mais preocupados com o interesse comercial de seus "jornalecos" eletrônicos ou em papel? O modelo ideal desse novo "jornalismo" é, claro, o íntegro Edwy Plenel[18], que, sob a máscara de um bigode e de uma cabeleira eternamente cor de gaio, colorida, esconde um espírito triste, que leva, sob cobertura de transparência, aos piores momentos da inquisição medieval. Por terem recebido a sucessão dos eclesiásticos, *stricto sensu*, os "padres vermelhos", sempre à procura de um mundo melhor, nada têm a invejar, em matéria de intolerância, a seus

---

[17] Santo Agostinho.

[18] N.T. Diretor de redação do jornal *Le Monde* de 1996 a 2004.

predecessores, sem esquecer, de passagem, de rentabilizar seu puritanismo vingador!

O que é impressionante, em numerosos escândalos midiaticamente orquestrados, não é tanto a informação segundo a qual um político de esquerda, que dá lições, pode ser ele mesmo um fraudador; ou, ainda, que, em torno de um drinque, numa discussão privada, treinadores usem palavras incorretas para falar dos jogadores africanos, "excessivamente numerosos". Sem esquecer o fato de que um casal, entre os mais ricos da França, teria "molhado as mãos", em sequência, de todos os partidos políticos em competição pelo poder para garantir seus interesses! Esses acontecimentos pertencem à história humana e somente almas muito ingênuas poderiam se espantar ao ver que alguns vacilam.

Não, escandalosa é a banalização dos meios de investigação mais desprezíveis, mais desonestos; é a crença bem difundida na mídia e na política de que "o fim justifica os meios"; e que para denunciar *o humano, demasiado humano*, seria conveniente recorrer à denúncia e até à delação, crer nos problemas domésticos extorquidos com vil metal, nas confidências e nas confissões de uma esposa abandonada, nas gravações escondidas de conversas privadas. Nossos justiceiros amadores, sob pretexto de erradicar a corrupção e a mentira, instauram um clima de desconfiança generalizada, de espionagem perpétua, bem contrária ao objetivo procurado. Evidentemente as experiências totalitárias do século passado foram o mais impressionante testemunho, não importa o objetivo visado, bom, justo ou reprovável, de que foram os meios empregados que determinaram as consequências.

Os protagonistas da *Médiapart* e outros órgãos da imprensa de escândalos terão esquecido seus clássicos? Ao alçar a rubrica dos cães esmagados a modelo de gênero jornalístico, eles dão razão ao velho Marx (*O 18 Brumário de Louis Bonaparte*), as coisas se repetem, "a primeira vez como tragédia, a segunda vez como farsa".

Acontece o mesmo com todos os experts acadêmicos que, nas universidades, nas agências de avaliação, nos comitês nacionais e em outras associações profissionais, denunciam o perigo do obscurantismo. O espírito sacerdotal não está morto, e a inquisição renasce, regularmente, dessas cinzas. Certamente ela tem muitas racionalizações, mas a sensibilidade colérica, existente nesses "comissários" acadêmicos, se esforça em procurar a *falta* intelectual, em denunciar a *incorreção* metodológica (abordagens prescritas), temática (assuntos tabus), epistemológica (autores malditos). O que conduz a uma "normopatia" que faz com que esses ditos pesquisadores sejam qualquer coisa menos "inventores". Eunucos do pensamento, amedrontados por tudo o que, de perto ou de longe, possa lembrar a impureza a combater, podendo-se falar, a esse respeito, de complexo de matilha.

É, aliás, essa timidez do pensamento que levou a *intelligentsia* francesa a invalidar, frequentemente, sem as haver lido, as obras de Heidegger, Jung e outros pensadores acusados de terem sido nazistas. Esquecidos que são fatos históricos, reconstruindo a história, lúcidos após 1945 nas posições tomadas antes de 1934. Mas, sobretudo, não podendo reconhecer que em qualquer homem, seja um grande filósofo ou um psiquiatra de gênio, há também zonas de sombra e até de incompetências. Muito claramente nem Heidegger nem

Jung possuíam a mínima intuição política, o que, contudo, não permite esquecer que Heidegger se demitiu da Reitoria de Freiburg ao final de seis meses, em 1934, e ficou sem qualquer papel público; Jung também escreveu, em 1934, uma crítica severa ao nazismo e nunca apoiou esse regime. O que, todavia, não invalida de forma alguma a obra desses dois homens, do mesmo modo que as produções romanescas, plásticas, fílmicas e, em geral, artísticas não podem ser avaliadas a partir das opiniões políticas dos autores. Aliás, de resto, assim como a legitimidade científica deste ou daquele físico ou médico não deveria lhes permitir dar pareceres sobre tudo e qualquer coisa.

Uma crônica recente no rádio, dessas tão ouvidas que esquecemos sua procedência, regozijava-se de que se exumavam diversas canções e poemas criados para honrar os soldados da Revolução Cultural. Podemos perguntar quais seriam as reações de nossos fiscais do pensamento se fossem difundidas as diversas criações artísticas feitas na época para honrar os "valorosos" soldados da *Waffen SS,* que, no entanto, tirados de seu contexto bárbaro, veiculariam o mesmo sentimentalismo nostálgico. Da mesma forma, serão perseguidos eternamente, com ira republicana, certos políticos ou intelectuais que na juventude frequentaram movimentos de extrema-direita, esquecendo-se, ao contrário, das práticas de numerosos stalinistas. Por exemplo, os intelectuais que recusaram condenar os processos de Moscou ou o jdanovismo. Os políticos moralistas augustinianos que, em nome do serviço público, dos valores republicanos, da necessidade do contrato social e de outros pensamentos convencionais sobre a democracia, fortalecem o que Étienne Balazs, sobre o aparelho estatal chinês, chamava de *burocracia celeste,* burocratas detentores de todos os direitos; no que diz respeito à França, eles fazem de famoso serviço público uma antífrase: o público deve estar a serviço deles, não o inverso. O modelo extremo de tal atitude é a revolução bolchevista, na qual a ditadura *do* proletariado acabou em ditadura *sobre* o proletariado!

A sonolência dogmática do racionalismo moderno, que nega o vitalismo um tanto anômico, recusa a vitalidade exuberante e combate a efervescência desordenada em nome do puritanismo do intelectual conformista, leva a condenar o que está *corrompido*: atitudes, pensamentos e situações em desacordo, portanto, anormais. A recusa do que *é*, em nome do que *deveria ser*, constitui, sem dúvida, o constante ressentimento do homem que não consegue se livrar da obsessão do pecado de Adão.

Não é necessário ser um grande especialista em psicologia para lembrar que esse desprezo pela vida é apenas a manifestação inversa de um desprezo por si próprio. É espantoso ver que a arrogância desses diversos "comissários" (jornalistas, acadêmicos, políticos) mascara muito mal uma profunda miséria existencial. É coisa conhecida que o dogmatismo é sempre uma bengala para aqueles que não estão seguros de si. A agressividade, em qualquer área, é uma atitude bem infantil que só se impõe opondo-se a alguma coisa. Os militantes de qualquer causa são sempre impotentes narcisistas que têm necessidade do olhar de outra pessoa para assegurar a própria existência.

Por serem centrados neles mesmos é que os protagonistas da opinião publicada são incapazes de prestar atenção às forças vulcânicas escondidas, que remexem profundamente o corpo social e, assim, perfuram a crosta terrestre. Para ser capaz disso, é preciso saber limpar-se de suas certezas, acordar para o real ou, para formular à maneira figurada de Platão, "desvirar a ostra"[19], ou seja, fazer uma revolução do olhar sabendo perceber o lugar em que as palavras, as ações e as coisas estão em oportuna concordância. Em outras palavras, não uma *justiça a priori*, um tanto abstrata e, em todo caso, moralista, mas uma *justeza a posteriori*, que permite que se ajuste, mais ou menos, ao mundo como ele é e aos outros pelo que eles são.

Referindo-me ao puritanismo augustiniano, de origem maniqueísta, não pretendo provar um pedantismo um tanto quanto anacrônico, mas lembrar que, além da curta visão das mentes apressadas, é preciso saber sempre colocar tudo em perspectiva. Janus é esse Deus, espírito das portas e dos limiares, que sabia olhar para trás e para frente ao mesmo tempo. Existe um constante vaivém na tríade temporal entre o passado, o presente e o futuro. É o que levava o tonitruante Léon Bloy a juntar essas duas frases "tudo é admirável" e o "profeta é aquele que se lembra do futuro".

De fato, é por ter a lembrança do que está enraizado que se pode apreciar o presente como garantia do que deve advir no futuro. Trata-se aí de uma *dialogia*: "*ação-retroação*", diria o amigo Edgar Morin, destacando o fato de que é preciso de tudo para fazer um mundo. A sabedoria popular bem o sabe e aceita a sombra como a contrapartida da luz; é exatamente essa aceitação da opinião pública pelo cla-

---

[19] *República*, 521, C.

ro-escuro da existência que a torna tão inapreensível para os diversos protagonistas da opinião publicada. As massas populares têm o que chamei de sinceridades sucessivas, o que as torna muito suspeitas para o pensamento conformista dominante das elites. A estigmatização como "populismo" apenas sublinha o afastamento e o desacordo existente entre o oficial e o oficioso, ou seja, entre os que sabem o que *deve ser* a sociedade e os que se contentam em nela viver.

Esses últimos vivem a reversibilidade, a interação, a correspondência do bem e do mal, do verdadeiro e do falso, em suma, do normal e do patológico. Eles se divertem, pois é preciso "contentar-se" e esse é o sentimento trágico da existência popular. Cada descoberta de um escândalo conduz à adoção de uma nova lei, que supostamente deveria erradicar o vício da comunidade humana e especialmente dos políticos, que deveriam ser, como dizem os presidentes, "acima de qualquer suspeita, e de uma honestidade perfeita".

Essas medidas, leis que visam a moralizar a vida pública, cartas de deontologia, declarações públicas de patrimônio e outras novidades repetidas, deveriam tranquilizar a opinião. Mas terá tanto medo, ficará tão verdadeiramente escandalizada essa opinião que elege e reelege sem falta os políticos condenados à inelegibilidade ou em processos por várias falhas no financiamento das campanhas, na elaboração das listas eleitorais e até na utilização dos recursos públicos? Mélick, Balkany, Juppé, Emmanuelli e tantos outros só tiveram o azar de ser visados por uma operação judicial, mas também Jacques Chirac, que nunca foi tão amado como ao ser convocado pela justiça? Mais parece, antes de tudo, que ela não tem ilusões quanto à infalibilidade e à honestidade dos poderosos. Mas, talvez, o perigo esteja menos no populismo crédulo que na coalisão das elites ao tentar convencer o povinho de que elas só se calam por nobres sentimentos. A opinião pública pensa que é assim que anda o mundo e que é *preciso contentar-se*.

Ao contrário, para os que sabem, é preciso sempre procurar a "causa" de tal situação, de tal atitude, de tal comportamento; lembro aqui o axioma não conhecido de tal conduta: *post hoc, ergo propter hoc,* como resultado disso, então, por causa disso. Essa é a origem inconsciente do historicismo, do positivismo, da causalidade linear que toma o que é simplesmente antecedente pela causa última. Para expressá-la por meio de um palavrão, eis a herança da ontoteologia inconsciente da elite moderna: Deus é a *causa sui,* ou seja, a causa de si mesmo e, na sequência, a causa de todo o resto.

Como teólogos que se ignoram, os protagonistas do pensamento conformista dominante contemporâneo apenas reproduzem tal esquema. Procuram a causa última nos infortúnios do mundo: a crise, o desemprego, a redução do poder de compra, a precariedade, etc.; tornam-se intérpretes disso e, ao dar as soluções, tornam-se seus curadores. Mas eis que isso não funciona mais, porque o povo, com um saber incorporado, o da vida cotidiana, sente bem que um pluricausalismo está em jogo. Fundamentalmente politeísta, "sabe" sem, no entanto, verbalizar, que não há causa primeira nem causa final; que a vida é uma constante adaptação e que saber se "virar" é seu instrumento preferencial. Podemos lembrar que, em inúmeras línguas originadas da cultura latina, encontramos a expressão que Lévi-Strauss chamava de bricolagem. Vemos que o "sistema D" francês, a *combinazio-*

ne italiana ou o *jeitinho* brasileiro, esse pequeno gesto cotidiano, torna a vida suportável em relação ao autoritarismo burocrático.

Mesmo que apareçam na tevê e ocupem páginas e páginas de jornal e de revistas nacionais para leitores cada vez menos numerosos, todos esses experts, jornalistas, *apparatchiks* tecnocratas e políticos não interessam mais a muita gente. O ruído de fundo do mundo parece dizer: "Fala sempre, tu me interessas!" Ou ainda: "Isso entra por um lado e sai pelo outro". O importante eco midiático suscitado pelos debates presidenciais não deve provocar ilusões. Organizados no modelo da *Star AC*, eles constituíam a última figura da política espetáculo e, por isso mesmo, de algum modo, seu apocalipse! Logo, as elites são desconsideradas e isso porque elas não souberam expressar, representar, fixar (o que é, no entanto, a vocação primeira de qualquer elite) as preocupações e as inquietações de qualquer um.

Pois, além dos lugares comuns sobre a crise, dos deslumbramentos que permitem não pensar, sabe-se bem que a vida, em seu desenvolvimento, continua a ser o que ela é: "É a vida!" Às lamentações próprias dos comentadores, o argumento do bom senso é incontestável, ou seja, de um pensamento empírico, mas igualmente argumento de qualquer pensamento autêntico, o mesmo que, após ter-se retraído, fazia com que Galileu dissesse: "*E pur si muove*"[20]! Isso basta! De fato, todos os inquisidores, submetidos ao que for, empenham-se em salvaguardar seu *poder* instituído: judicativo, normativo. Muito mais forte é o *poderio* constituinte da vida cotidiana, cujo próprio gênio se apoia na constante e pro-

---

[20] E, no entanto, se move.

funda adaptação às circunstâncias; um ajuste às felicidades e infelicidades da existência; uma acomodação aos riscos da vida em seu desenvolvimento. Poderíamos aqui falar de um situacionismo popular? É possível, ainda mais quando se observa a vitalidade da existência comum que, contrariando um pensamento unilateral, é muito "normal" na medida em que ultrapassa a normatividade das instituições!

Aí está, talvez, o que mais diferencia a *opinião pública* da *opinião publicada*. Esta permanece obnubilada pela utopia racionalista moderna – tudo tem suas razões, tudo deve ser submetido à razão –, enquanto a primeira envolve o que chamei de utopias intersticiais, aquelas em que podem se aninhar todos os possíveis da existência, ou seja, a sombra e a luz, o bem e o mal, o normal e o patológico. Boas mentes assinalaram isso, como Jean-Marie Guyau, depois, no fim do século XIX, Émile Durkheim: a *anomia* (o que está além ou ao lado da lei) tem também uma função ética quando fortalece o *viver-junto*. Essa capacidade de "se virar" existencial é negada pelos tecnocratas, que consideram só o racional como real; daí a obsessão em evacuar as forças vivas do emocional.

É nesse sentido (como indiquei e como será preciso dizer novamente) que os protagonistas do pensamento conformista dominante contemporâneo, os obcecados pelo *politicamente correto* e pelo normal, são essencialmente os herdeiros atrasados de uma modernidade caduca. Ainda posso lembrar aqui, com um toque de ironia, que só em 68, em 1868, o termo "modernidade" se institucionaliza (uma primeira ocorrência surgiu em 1848). Mas essa palavra contém, então, um halo de reprovação e suspeita-se, com razão, que ela designa o que é relativo à moda, ao enfeite, enfim, ao feminino. Todas essas coisas não tinham, naquele tempo, nada que as valorizasse. Daí a luta das mentes aguçadas do momento para lembrar que o termo modernidade trata da vida contemporânea, de suas visões, de suas maneiras de ser e das emoções que tudo isso provoca.

O termo modernidade significa, desde então, o fim do medievalismo, do Antigo Regime, e lembra que nada é eterno, mas que há épocas que têm sua lógica própria e que é preciso seguir o trajeto delas. Ou seja, sua gênese e seu declínio. A palavra época em seu sentido etimológico designa um parêntese e, como sabemos, um parêntese se abre, mas, igualmente, se fecha! Os "inventores" anticonformistas do século XIX souberam abrir o parêntese moderno e, naquele momento, tudo o que eles diziam sobre o progresso, os valores republicanos, a importância do contrato social e outras necessidades da democracia tinha sentido. Seus herdeiros patetas custaram a reconhecer que o parêntese está se fechando e que o republicanismo, o democratismo, o progressismo e outros contratualismos parecem estar em desuso. Assim, precisamos achar urgentemente outras *palavras* que sejam congruentes com as *coisas* do momento.

Ao continuar a cantar as litanias modernas, aqueles que têm o poder de dizer e de fazer apenas afirmam com empáfia impudentes mentiras, das quais, aliás, eles não estão conscientes, já que estão demasiadamente seguros de que esses valores modernos, elaborados em um dado tempo, em algum pequeno canto do mundo, são por essência universais e eternos. Não posso deixar de me referir a um recente debate que tive com Jacques Attali. Preocupado em invalidar o surgimento da pós-modernidade e o questionamento dos grandes valores econômicos, entre eles, o individualismo, sobre os quais se construiu a modernidade ocidental, ele achou por bem lembrar-me que conhecia o mundo além do Hexágono e que os países emergentes, como o Brasil e a Coreia, recém estavam entrando na modernidade. Além da arrogância de se achar o único viajante da cena, é interessante notar que a crença em um modelo único (europeu) de desenvolvimento, que obriga todos os países a passar pela acumulação primitiva de capital e pela emancipação individual da Revolução Francesa, é, no fundo, um sinal muito forte de um tropismo exclusivamente europeu.

São "teólogos" que, sem o saber, voltam à ambição universalista, bela e duramente elaborada, no início do cristianismo, por São Paulo[21]. Mas outra coisa está em gestação e tende a privilegiar o mosaico tribal, o território que funda o *viver-junto* (ou seja, a política de como habitar um lugar), a ecosofia que tempera o progresso e o retorno do pacto baseado nas emoções comuns. É isso que é preciso "ver" e saber dizer. Convidado a dar conferências em inúmeras universidades pelo mundo, passando um bom terço de meu tempo profissional em países tão diversos como o Brasil, a Colômbia, o México, a Coreia, o Japão e agora a China, posso assegurar que é aí que estão sendo elaborados os novos valores. Se a Europa foi o laboratório da modernidade, os países dos quais acabei de falar são os laboratórios da pós-modernidade. É urgente que as elites francesas se deem conta e saibam temperar sua pretensão em pensar no Universal, o que já não é mais apropriado.

---

[21] Remeto ao livro erudito de Monsenhor Joseph Holzner, *Paul de Tarse*, Éditions Alsatia, Paris, 1950.

Quando se abre uma nova época, portanto outro parêntese, é conveniente limpar todas as explicações feitas para se chegar a uma simples descrição. Não mais se contentar com as representações preestabelecidas, mas se atrelar às *apresentações* mais delicadas a fazer, mas não menos pertinentes. Não propor logo a solução, mas saber, antes de tudo, colocar a questão o mais finamente possível, sabendo que é no sério e no rigor da descrição que se achará, gradualmente, uma forma de resposta às questões colocadas. Mas, para fazer isso, é preciso que a falsa vassalagem da "deusa Razão" aceite reconhecer que nem tudo é só luz; a sombra tem sua parte em nossa natureza humana. É nessa área que o *pathos* encontra força e vigor no lugar público e que é conveniente pensar nisso. É exatamente esse retorno do emocional (esportivo, religioso, musical, festivo, etc.) que não se pode ignorar. Se não o levamos em conta, o desejo de verdade do conformismo lógico, própria da *intelligentsia* contemporânea, se revela, de fato, como uma vontade de morte, ou, em todo caso, como uma atitude intelectual mortífera.

Isso leva alguns, espantados, a falarem em corvos. Mas não é o que acontece quando a normalidade, normatividade, se empenha em reduzir a existência ao menor denominador comum, o de uma vida sem paixão, sem emoção, portanto, sem diferenças, excessos e outras rupturas em relação às normas que progressivamente se estabeleceram durante os dois ou três séculos que acabam de passar? Foi o que aconteceu com o ideal democrático.

O grande medo de ver o espaço público invadido pelos signos religiosos ou pelos "instrumentos de opressão da mulher" conduziu, de fato, a proibir qualquer manifestação da pluralidade dos modos de vida, de pensamento e de crença. Neste espaço comum, homogêneo e vazio, como diria Walter Benjamin, as manifestações dessas associações comunitárias diversas ressurgem, então, muito mais exacerbadas por terem sido reprimidas, o que, contrariamente ao que se fala nos cenáculos políticos, tem pouco a ver com as comunidades tradicionais. Porque, desde que as associações possam aparecer, elas podem ser diversificadas. Ao contrário de uma integração sem graça, que desencoraja as novas gerações que tentam se afirmar como identidades múltiplas, eis que a vida se acorda. Ela se mostra mais rica, maior que a coleira simplificadora na qual quiseram enclausurá-la. Contra o universalismo da Razão, se estabelece o relativismo das singularidades. Assim, a Verdade não é mais redutível à exatidão. As verdades são enigmas que precisamos viver da maneira que são; de fato, há ambiguidade na existência. Se queremos estar em sintonia com esta, convém que o pensamento também saiba ficar na ambiguidade. Passando da solução à questão, saberemos descrever esse retorno aos fundamentos do *viver-junto*.

Retorno do tribalismo, do nomadismo, do hedonismo. Coisas iniciais que (re)assegurem a base do *viver-junto*; todas lembram que, ao lado da história, assegurada por ela mesma, há o destino, cujo risco é o maior elemento. Lógico, não é fácil pensar em tal paradigma, mas não podemos nos contentar em desdenhar as manifestações que testemunham isso. Jornalistas, políticos, tecnocratas e intelectuais teriam uma boa inspiração ao não olhar de cima os fenômenos que sublinham essa inicialização fundadora. Para fazer isso, o caminho é árduo, mas é preciso ter a coragem de segui-lo mesmo que precisemos mudar nossas maneiras de pensar.

Não dá para esquecer de denunciar, por economia de desprezo, algumas figuras representativas do conformismo lógico de nossas elites defasadas. Todos esses plagiários numerosos, esses especialistas em copiar-colar, larápios e outros "intertextuais" que ocupam o alto da pirâmide; talvez isso seja o mais grave, pois falhar é humano, mas continuar a crer em quem falhou é imperdoável. Sabe-se de antigas sabedorias: "*corruptio optimi pessima*", a corrupção das elites é a pior das coisas. Vale insistir: os corruptos continuam a dar lições de moral, a se fingir de experts econômicos ou sociais, em suma, ocupam bancadas na televisão, estúdios de rádio ou infestam, com suas ideias requentadas, colunas de jornal. Prova uma endogamia que não pode ser mais perniciosa, pois, ao favorecer o *mundinho* das elites degenerescentes, deixa os povos à mercê do primeiro demagogo que chegar. A história, não sendo avara em situações desse gênero, vê-se, então, qual deve ser a responsabilidade dos espíritos abertos: saber anunciar, o mais justamente possível, o fim de um mundo em desuso e a impertinência dos cômicos públicos que ainda se empenham em celebrá-lo. Falar também do escondido e vivaz verdor de um mundo que está nascendo, um mundo real, o qual, bem entendido, reclama uma inevitável e próxima substituição das elites!

II
O jornalismo
ou "a era da página de variedades"

"Eu vos faço ver o avesso dos acontecimentos
que a história não mostra;
a história apenas expõe o lugar."
Chateaubriand
Memórias de além-túmulo

É frequente se contentar com a "página de variedades". É assim que o eremita de Montagnola, Hermann Hesse, anunciava nos anos 1920 o inevitável futuro da civilização moderna e também de sua decadência, haja vista que sua superficialidade se estende sobre tudo que mereça uma exigente atenção reflexiva. Neste degringolar do pensamento, do qual estamos longe de mensurar as consequências, os jornalistas têm uma parte de responsabilidade que não pode ser ignorada. Mais precisamente porque um bom número deles abusa de uma verborragia de mau gosto, repetindo mecanicamente fórmulas estereotipadas sobre assuntos requentados. Entre a espécie animal, os papagaios têm seu charme, mas, talvez, não seja útil duplicar isso nas relações humanas porque leva a esquecer da velha complementaridade que existe entre os aspectos esotéricos e exotéricos de qualquer fenômeno social. Ou, mais exatamente, que saberemos, no bom sentido do termo, vulgarizar uma ideia, situação, acontecimento, somente na medida em que se reconhecerão e, portanto, se respeitarão suas raízes. Os publicitários, ou seja, os jornalistas do século XIX, estavam conscientes de que se agarravam à produção dos fatos reais, apoiando-se nas hipóteses, análises e avanços dos cientistas.

É isso que exponho ao dizer que pode haver, numa lógica bem desenvolvida por Edgar Morin, uma *dialogia* fecunda entre esotérico e exotérico. Por padrão, mais do que um Real fundado em suas raízes profundas, arrisca-se a contentar-se com ditos "princípios de realidade": o primado da economia, a prevalência do político e outras novidades eventuais cuja urgência têm duração muito reduzida. Ao esquecer a fecundidade da relação entre observação da realidade e pensamento, o jornalista, em suas diversas mídias, contenta-se em ser o papagaio do qual falei e, dessa maneira, encoraja um "divertimento" do qual não é preciso negar a necessidade, mas que se torna inquietante quando ocupa todo o lugar do espaço público.

Frequentemente criticamos a política espetáculo, a midiatização de filósofos que se preocupam mais em *fazer saber* do que *saber fazer*. Em outras palavras, a superficialidade e a versatilidade dos experts de todos os tipos. Assim, Bernard-Henri Lévy (siglas: BHL ou BHV?)[22] lançou em certo momento a perfumaria *"Nouvelle Philosophie"*, *Nova Filosofia*[23]. Houve alguns rivais, como Michel Onfray, que faz parte dos que vendem, às múltiplas tribos de aposentados que não podem aguentar o bom álcool revigorante, um infame *Canadá dry* de gosto duvidoso. Sob a cobertura da "universidade popular", ele vulgariza e enfraquece as ideias mais argutas, como a questão do universalismo freudiano, o hedonismo contemporâneo, a religiosidade sincretista e certa sensibilidade libertária, traduzindo-as na propagada crítica pseudorrevolucionária do "filósofo engajado". Ele se apropria de belas temáticas de acordo com o espírito do tempo, mas as sabota ao seu bel-prazer, como os saguis, "cagando de cima" e sujando tudo no entorno; só podemos lamentar o plágio que ele faz de assuntos de envergadura.

---

[22] N.T. De acordo com o jornal *Libération*, de 21/10/2004, por Pierre Marcelle, BHV é usado por ele ter uma extensão midiática enorme, aliás, muita encenação para demasiada vaidade, etc. Enfim, em tudo, ele é demasiado!

[23] Um "Bloco de Notas" (*Bloc-notes*) recente (*Le Point*, 13 de junho de 2013) é revelador do procedimento utilizado por Bérnard-Henri Lévy para se alçar ao cume dos "intelectuais". Uma definição: "Na hora de seu surgimento, ou seja, em Zola e os primeiros dreyfusards: um escritor (ele mesmo), interrompendo o trabalho de sua obra [...] para tomar a defesa de um inocente." Um pouco mais adiante: "Deus sabe se o noticiário pode me solicitar [...] aqui mesmo, cada semana, no 'Bloco de Notas'." Devemos imaginar que ele compara o "Eu acuso" ao "Bloco de Notas"? E, finalmente, deve-se compreender que, como ele não se deixa prender pela massa asfixiante dos acontecimentos, nem pela arte (apesar de consagrar um livro à arte), ele é um intelectual, o Zola, o Sartre ou o Baudelaire contemporâneo. *Canada dry!*

Mas talvez seja por isso mesmo, não por preguiça (por desprezo da coisa intelectual?), que os jornalistas o recebem de braços abertos, pois ele é muito fácil de compreender e, portanto, de vulgarizar! Os jornalistas gostam das teses simples, resumidas em uma quarta capa bem feita, o que economiza a leitura do livro no seu todo. Sendo assim, pode ser escrito em linguagem simples ou falsamente sábia. Basta que seja acessível. Por exemplo: Freud era neurótico, até perverso, segundo Onfray, e "é melhor ser muito rico, jovem e com boa saúde, do que pobre, velho e doente", constatação do senso comum que Bourdieu traduziu em seu jargão específico de maneira a espantar todos os seus seguidores!

É urgente desvendar as raízes de tais comportamentos e descobrir onde está essa "era da página de variedades", em sua própria essência, porque o que vem em primeiro lugar ao espírito é uma espécie de confusão de sentimentos. Uma indistinção de gêneros sem horizonte, em que o jornalista vai se servir do sábio, por exemplo, do filósofo ou do sociólogo, e vice-versa, numa instrumentalização recíproca, à vista grossa de que ela não respeita as exigências específicas de suas vocações respectivas. É costume trazer à baila nesse debate a questão da situação de casais (marido/mulher) compostos por um político e um jornalista; isso, no entanto, é apenas a parte espetacularmente emersa do iceberg. Neste caso, cada um pode justificar pela relação afetiva as tomadas de posição políticas e profissionais do par. Este caminho em dupla não é, aliás, sem riscos, pois o apoio de hoje da esposa amorosa pode se voltar facilmente para a denúncia da amante ultrajada. Existem, entretanto, alianças de político e de jornalista, ou de jornalista e de cientista, menos explícitas, pois os elos não são sempre conjugais, podem ser amigáveis, fraternos, lobistas, sem esquecer as solidariedades tribais. Ser membro de uma rede gay, franco-maçom, católico ou herege, apreciador de linguiça caseira (você leitor, pode completar a lista...) não são inofensivos na formação de uma opinião (*doxa*) comum!

O homem caça em matilha e é frequente ver-se um intelectual ou um político empurrado para destruir seu adversário por um ou mais amigos jornalistas. Sem que estes não se deem o trabalho de confrontar os pontos de vista eruditos, de investigar de todos os modos, de dar lugar aos argumentos e contra-argumentos. Esse uso recíproco da palavra de autoridade no lugar da compreensão dos fatos é dos mais difundidos. Os meios tecnológicos encorajam essa "circulação" de lugares comuns e de opiniões sem fundamento. Assim, vemos jornalistas apressados utilizarem, sem verificar, as informações recolhidas nas páginas da Wikipédia, que se abrem tanto à sadia confrontação intelectual quanto à denúncia caluniosa. As informações relativas à vida privada, aos costumes, ao caráter dos intelectuais ou dos políticos servem de argumentos em um debate que contém mais uma mistura stalinista do que a pretendida democracia. O apelo a cada vez maior transparência é frequentemente o veículo da incapacidade de pensar substituindo os duelos intelectuais ou políticos por declarações de intenção e informações moralistas.

De um lado a outro do tabuleiro político, além dos jornais eletrônicos, como *Médiapart*, que já teve problemas, as publicações como *Minute* ou *Marianne* se tornaram especializadas na denúncia raivosa de qualquer pessoa que não corresponda à sua estreita visão do mundo. É preciso dizer e repetir, no que Lévi-Strauss chamaria de *"efeito de estrutura"*, que há uma homologia entre *Médiapart, Minute* e *Marianne*, ou seja, os mesmos combates incertos e nauseantes. O mesmo tom peremptório e de deslumbramento. Eles insultam em conjunto. Os jornalistas de "M.M.M.", cheios de certezas, contentam-se em cuspir com segurança machista alguns clichês absolutos que apresentam, com certeza, como A VERDADE revelada[24], que é, não esqueçamos, a própria base de todas as ilusões inquisitoriais! A sabedoria dos povos é outra no sentido em que se apoia num ceticismo moderado, o que chamarei de síndrome de Pôncio Pilatos – "A verdade, o que é a verdade?"[25] –, entenda-se: ela jamais é absoluta, mas estruturalmente relativa.

Da verdade clânica, erigida em verdade absoluta, o leitor atento pode, sem pressa, achar uma enorme quantidade de exemplos comprobatórios. Basta lembrar, como regra antropológica, que a endogamia enfraquece o sangue e que o fato de "deitar junto", real ou metaforicamente, não é o melhor para o dinamismo do pensamento. Porque, certamente, é fácil justificar esses modos mafiosos em nome de um objetivo honrado a atingir, político ou intelectual. Mas, conhece-se, de longo tempo, o melhor é inimigo do bem,

---

[24] Entre muitas outras distinções do mesmo tipo, o artigo de Jean-François Kahn e a capa de *Marianne* (11 de agosto de 2010), "*Le Voyou de La République*" [O delinquente da República] vilipendiam o presidente do momento: Nicolas Sarkozy. A injúria, disputando com o aproximativo o lugar da análise, demonstra fartamente o nível, de sarjeta, no qual os moralistas se locupletam à vontade. Aliás, regularmente, *Médiapart-Minute-Marianne*, enfim, "M.M.M." têm acessos de delírio: restaurar a ordem, insultar essa ou aquela tribo política, intelectual (jamais jornalística: prudência!), enfim, denunciar o conformismo do qual eles são, vendo de perto, o próprio exemplo.

[25] João 18, 38.

e frequentemente, querendo fazer demais, chega-se ao seu exato contrário, ou seja, uma confusão generalizada que só serve aos que, em nome de um antielitismo primário, vão, demagogicamente, repetir e fortalecer a ideia de "todos iguais, todos podres", que, de forma recorrente, sempre ressurge quando as elites, justamente, não estão mais em sintonia com os povos.

É preciso, então, que cada um, com suas qualidades específicas, ligue-se à elucidação do mistério social; o jornalista necessita compreender o que lê e saber meditar sobre o que compreende; ele deve ter um pensamento que, ao invés de bloquear a reflexão por definições limitantes, ou mais ou menos miméticas, saiba, ao contrário, amplificar, fazer surgir o escondido e assim desvendar o que está sob as coisas. Albert Camus dizia que "os que sabem desenvolver a história sabem, também, quando querem, revoltar-se contra ela"; vemos que, extrapolando seu propósito, podemos dizer que é, ao se revoltar contra um conformismo lógico, próprio de um mundo bem pequeno, que os jornalistas podem participar do fortalecimento de um senso comum, o qual, sabemos, é necessário a qualquer *viver-junto*. Senso comum é causa e efeito da vida corrente, ou seja, enraizado nas maneiras de ser e de pensar; é preciso compreendê-lo e apreciá-lo em sua própria força. Enraizamento dinâmico!

Em outras palavras, como protagonistas do "pensamento exotérico", os jornalistas devem descrever, analisar, constatar, em função de uma dada época, não em referência às suposições do "dever ser". É preciso que eles saibam dizer qual é a *marca* de uma época. Devem saber colocar nas coisas um olhar intuitivo e compreensivo, ou seja, capaz de ver o interior dessas coisas e, então, apreciar suas qualidades. Existe uma inegável relação entre a compreensão e o que se ouve; é unicamente quando se está em sintonia que se pode conseguir perceber esse "ruído do mundo", que pode ser discreto (na vida cotidiana) ou explosivo nos acontecimentos que, pontualmente, irrompem na quietude do homem sem qualidade. É com o espírito em constante incerteza do mundo em seu todo, ou seja, ao não se satisfazer com as certezas dogmáticas do mundinho político e/ou intelectual que o jornalista pode compreender a aventureira vitalidade dos povos. A partir daí, seu artigo, sua reportagem e sua pesquisa não serão o resultado de uma "investigação" partidária, não serão *sua* realização ou o reflexo de *sua* opinião, mas o produto de uma inspiração que o ultrapassa. Assim fazendo ele será o "alto-falante" de algo que vem de muito longe em sintonia com a imemorial sabedoria popular.

Ao esquecer esse enraizamento, o jornalista de investigação, numa confusão de sentimentos dos quais vislumbramos muitos exemplos, age como o comissário do povo que sabe, segura e dogmaticamente, o que é bom para os povos e o que é preciso impor-lhes com a arrogância dos que sabem a Verdade. O tipo que podemos citar como arquétipo disso é o "jornalista" Edwy Plenel, que duplicou o modelo das folhas de repolho trotskistas de sua juventude nos diversos veículos por onde passou e foi punido. A inquisição está aí, bem próxima, desde que o observador se torne o juiz que garante a norma e que vela a qualquer preço por sua aplicação, coração pulsante do pensamento conformista dominante. É neste caso que de deve lembrar ao jornalista que, para retomar um título de Ernest Jünger, *Über die Linie*, precisa cruzar a linha para poder pensar livremente. Ultrapassar a conjugalidade, a conivência mafiosa ou partidária, para poder compreender, de maneira original, ou seja, inicial, o Real que ele supostamente descreve. É assim que saberá fazer uma imagem do mundo, ou seja, participar do imaginário do momento e não fixar uma representação vinda de outro tempo, a de uma modernidade com sua fonte no século das Luzes como uma *Belle Époque* um tanto ultrapassada!

O mimetismo é, certamente, um componente animal, humano; na ordem da reflexão, é necessário saber ultrapassá-lo. Estar enlatado como arenques defumados dá, claro, segurança, assegura o papo em conjunto, mas isso não permite atuar para o fim de um paradigma que, como é sempre o caso, prenuncia a emergência de outro. Não é procurando um *nihil obstat* junto às autoridades religiosas do momento (em termos contemporâneos se fala assim: "visto na tevê", "todo mundo fala disso", "um acontecimento literário", etc.) que saberemos acompanhar a secreta, mas não menos sólida, vitalidade popular. O povo, que vai contra o que se crê frequentemente, não se engana e desconfia das uniformidades de pensar e de ser. Esse normal-normativo pode, aparentemente, lhe ser conveniente por um tempo, mas, em sua base, ele "não deixa de pensar nisso", sabe manter certa reserva em relação ao que ouviu tantas vezes, de diferentes maneiras, para que realmente sejam críveis.

É preciso ser muito desprovido de sagacidade, de ciência verdadeira e, sobretudo, de profundidade, em suma, é essencial estar atordoado para acreditar que mostrar ter bons sentimentos seja a única e necessária condição para estar em sintonia com o imaginário coletivo. De fato, esse só tem desprezo, mais ou menos consciente, pelo moralista que sabe, pelo saber universal e seguro de si mesmo, o que devem ser o homem e a sociedade. Moralista que não é mais do que um pretencioso hipócrita lembrando a alcoviteira descrita por Mathurin Régnier (sátira XIII), cujo "olho penitente só chora com água benta".

Os jornalistas se justificam dizendo que a observação de fenômenos aberrantes seria de natureza "*à désespérer Billancourt*"[26]. Às vezes, também, eles não compreendem essas aparentes contradições entre o sério e até o dramático de uma situação, e a indiferença mostrada pelas massas. No entanto são esses oximoros que constituem o *estar-junto*. O hedonismo e o festivo são frequentemente sinais de lucidez diante do trágico da existência. Isso é o "societal" com o qual nos deleitamos tanto – um entrelaçamento de todos, digo exatamente todos, os parâmetros específicos de nossa natureza humana – o excesso e a uniformidade, o riso e a seriedade, o prazer e o rigor, o sonho e a realidade, a violência e a segurança, o jogo e o trabalho. Daria para continuar até o infinito com os polos complementares que participam na integralidade do ser individual e coletivo. O lamento pelo fim dos valores republicanos só encontra eco no pequeno círculo dos que os vivenciam. A opinião não se engana quanto aos apelos à moralização da vida política ou aos textos cada vez mais coercitivos que visam a evitar os conflitos de interesses.

---

[26] N.T. Não dizer exatamente toda a verdade. Literalmente a frase de Jean-Paul Sartre pretendia não levar os operários da fábrica da Renault, em Billancourt, ao desespero com más notícias verdadeiras.

"Qui veut faire l'ange, fait la bête", escrevia Pascal[27], fórmula adotada pela sabedoria popular, que bem sabe que é preciso perceber a fraqueza humana e a parte sombria de cada um.

Tal reversibilidade, talvez seja melhor dizer, tal coincidência das forças opostas, é particularmente evidente nos momentos de cisão que marcam o fim de uma época, no esgotamento de um *princípio* regulador. O que se precisa compreender em seu estrito sentido, ou seja, o mais próximo da etimologia da palavra princípio: fragilização de um *"Princeps"*, a saber, o que era o fundamento da autoridade, vacilação do *"Principium"*, o que servia de fundamentação, como todas as coisas que caracterizam a passagem da modernidade à pós-modernidade.

Nesses períodos de instabilidade não seria, então, honroso para os que têm a vocação de *mediadores* aplicar pensamentos e palavras mais dignos, de acordo com as agitações correntes, para praticar a *mediação*? A aproximação na linguagem dos diversos protagonistas da mídia nos permite duvidar! A aproximação sintáxica, o uso imoderado de expressões da moda e a propagação da informação na base de reprises endogâmicas são os indícios que concordam com a ligeira superficialidade do momento, cujos órgãos de imprensa e vários meios de comunicação se aproveitam, mas é um proveito imediato e sem horizonte pelo qual os jornalistas arriscam pagar, rapidamente, muito caro. De forma exemplar, a *France Inter*, rádio de serviço público, concretiza

---

[27] N.T. Quem quer ser muito bom acaba, mesmo sem querer, por ter lados ruins (a natureza humana não é perfeita). Ou quem quer se fazer de anjo acaba por ser o diabo.

hoje esses pequenos abandonos e um verdadeiro enfraquecimento que, em certo tempo, Umberto Eco havia assistido na televisão, quando falava da "neo TV", que entendia como uma situação em que a mídia só falava dela e para ela. Pascale Clark, antiga cronista, que se tornou uma das vozes da rede de informação, abandonou seus primeiros trabalhos escolares, por uma estranha arrogância conformista, inebriada por uma rádio que se definia ainda por esta curiosa antífrase: "*France Inter*, o caminho é livre." Desaparecimento dos rebeldes pela sua generalização. A desconfiança, cada vez mais exposta, atingindo também sua profissão, e deveria lhe fazer, por ser mais instrutivas, ouvir a razão, fazer-lhe compreender que, quando alguma coisa titubeia, a sabedoria dos povos é aspirar a um novo *princípio*, a outro fundamento.

A função dos mediadores, além de ir e vir por caminhos batidos e banais, é saber revolver o terreno no qual se apoia o *viver-junto* e sentir o efeito que o obscuro do fundo pode fazer emergir. Esse é o papel de inovador que o mediador deveria ter: acompanhar o que aí está, como frequentemente mostrei em livros anteriores ao lembrar que, quando se unem o húmus e o humano, participa-se de um humanismo integral e evitam-se armadilhas e perigos próprios ao obscurantismo, sempre, potencialmente, pronto a renascer.

Assim, além de repetir sem cessar a cantilena das Luzes, que se tornaram um tanto piscantes, os protagonistas da mídia, ao acompanhar o "escuro" próprio, também, da vida cotidiana, ressaltariam o que está mais perto da verdade do Real, o que se pode chamar de o claro-obscuro de qualquer existência. Mostrei em outra obra[28] como seria preciso ajustar-se à "parte do diabo" e assim proteger-se dela. Uma conduta homeopática muito antiga que consiste em se acomodar ao que existe, o mundo real, a fim de evitar o retorno incontrolado e intenso daquilo mesmo que havia sido negado. O modo correto do mediador não é o de procurar o ponto de equilíbrio entre a sombra e a luz, o que a sabedoria popular dos povos formulou muito bem: "*in medio stat virtus*". O intermediário garante pela força de ser.

A mídia poderia inspirar-se nisso, pois, com efeito, depois dos intelectuais e dos políticos, é a vez dos jornalistas serem objeto de uma desconfiança cada vez maior. Basta escutar inúmeros programas (tevês, rádios, redes sociais) e ler artigos para constatar que predomina um sentimento de se tratar de uma panelinha; eles falam uns com os outros, uns dos outros, sem se preocupar com aqueles aos quais deveriam se dirigir. Constata-se, por exemplo, um fenômeno de mimetismo da crítica literária, cinematográfica e cultural em geral; não há necessidade alguma de ler a pilha de livros recebidos, de locomover-se entre as primeiras, basta seguir os passos e endossar o primeiro que atira. Sabem bem disso as assessorias de imprensa das editoras, que elaboram releases cada vez mais completo e permitem aos jornalistas apressados produzir um texto bem formatado: quatro frases retiradas do material de divulgação para contar a história, expor a problemática e, em seguida, uma ou duas frases para qualificar o assunto; assim, a abundante produção anual de livros, filmes e exposições se reduz a um pequeno número

---

[28] *La part du diable*, Flammarion, 2004 [A parte do diabo, Editora Record, 2004].

de acontecimentos na moda![29] Com certeza, essa moda não poderia tolerar um questionamento veemente dos grandes princípios da doxa. Não seriam, contudo, esses franco-atiradores esperados pelo público?

Assim, além ou aquém das *representações* com os bons odores dos séculos XVIII e XIX, o jornalista protagonista do atual saberá fazer uma simples *apresentação*. O centro desse procedimento de humildade, cujos pensamentos os dogmáticos têm tanto medo, é a fenomenologia. Não se deve procurar além dos fenômenos, o sentido da vida, mas levar a sério o que se deixa ver porque é isso que faz viver. O que já sinalizamos no início, uma palavra do antigo francês sublinhava bem esta maneira de ver o que é: *mostrar o monstro (monstrer), o tornar monstruoso (monstration)* que aceita até o que é monstruoso e assim, seduzindo-o, ou seja, limpando-o, evita as formas paroxísticas, o que era a maior ambição da catarse aristotélica!

Os grandes princípios que constituíam a base da modernidade, contrato social, democracia, cidadania, Estado, Nação, identidade individual, não entram mais em sintonia com o esquema da época e são, então, deslumbramentos, palavras vazias que só tranquilizam os que as pronunciam.

Não podemos mais nos contentar com isso porque as reações populares são mais complexas do que cremos; os po-

---

[29] Os diversos programas televisivos ou radiofônicos, as páginas culturais dos cotidianos ou hebdomadários constituirão para os etnólogos do futuro um campo de observação dos mais apaixonantes! Efetivamente, o mimetismo que pune aqui o aspecto passivo dominante nos múltiplos *talk-shows* não deixa nada a desejar ao *conformismo lógico* próprio das tribos primitivas. Na maior parte do tempo, são os mais "progressistas" que cedem às delícias das leis da imitação, clânicas ou animais.

líticos pagam o preço. A perda de interesse pelas eleições ou as oscilações erráticas e absurdas dos votos entre extremos, dos quais ninguém deseja verdadeiramente o aparecimento, são os sinais mais evidentes desse desprezo ao político. Os jornalistas deveriam estar atentos a isso. De fato, pode-se olhar tevê ou ouvir rádio por puro divertimento, o que é algo normal, até útil ao bom equilíbrio pessoal ou coletivo. O lúdico, que esquecemos muito frequentemente, é uma estrutura antropológica essencial. Mas sua contrapartida, o rigor, não o é menos. Leonardo da Vinci, artesão do cotidiano e artista do sonho, dizia-o bem à sua maneira: "*Ostinato rigore*".

Quanto às coisas essenciais, os povos não se deixarão influenciar para saber o lado a se voltar. Por isso o papel do "jornalista exotérico" não é de imitar, como macaco, o que dá lições, mas de acompanhar; ser o "grande irmão", o iniciador. Em sua área, não se contentar com uma logomaquia vazia, mas, ao contrário, achar uma forma livre, simples e, ao mesmo tempo, essencial; achar um estilo específico congruente com o espírito do tempo. Bons espíritos o lembraram, o estilo[30] é o que, pelo qual e graças ao qual uma época se escreve (caneta) e se mostra, aponta (estilete). É a *forma* na qual se elabora uma maneira de *estar-junto*. Posso aqui citar uma carta desse inventor que foi Heidegger: "[...] temos necessidade de uma língua nova [...] desprovida de artifícios", pois "o que está usado até o fim não vale mais nada, só o que faz é induzir ao erro"?[31] Está tudo dito nessa observa-

---

[30] N.T. Jogo de palavras entre estilo (*style*), caneta (*stylo*) e apontar com estilete (*stylet*).

[31] Martin Heidegger, *Ma chère petite âme – Lettres à sa femme*, Seuil, 2007, p. 251.

ção marcada, ao mesmo tempo, pelo simples bom senso e por uma razão reta das mais profundas. De fato, em oposto aos conceitos usados e que traduzem, realmente, preconceitos deformados, para dizer tudo, modernos, os verdadeiros "inventores" forjam as palavras, as noções, a mutabilidade da existência cotidiana. Aliás, vocês não notaram que, nos dias de hoje, todo mundo faz "conceitos", como o publicitário, o costureiro, o padeiro, o político e, com certeza, o jornalista? Assim fazendo encerra-se (*concepire*) o Real no princípio da realidade, quer dizer, reduzimos a complexidade do mundo ao que um espírito pequeno possa compreender, ou acredita que compreende, o que é um índice de pusilanimidade, de arrogância paranoica querendo dominar tudo. Manifestação de um espírito limitado, de um coração retraído e de um caráter amargo. Lembro aqui que o jornalista protagonista do cotidiano, disso que se apresenta, ou seja, do que torna presente a vida, do que torna presente para a vida, deveria ter liberdade no uso das palavras e se realizar com noções menos fixas e fechadas. Ao fazer isso, desobstruindo as trancas teóricas das interpretações e das representações *a priori*, é possível reencontrar a eterna juventude das coisas. Mas, para tanto, é preciso saber mostrar moderação, pois, para parafrasear Nietzsche, não é fazendo poeira e ruído que seremos a carroça da história. A procura do furo jornalístico a qualquer preço não é, certamente, nesse sentido, a melhor maneira de fazer. Mostrei antes que só estando inserido em um pensamento sólido, cercado pelo silêncio da incubação, é que se pode ficar em condições de compreender, na sua realidade, o ruído do fundo do mundo.

III
Estepe teórico

"Um bom livro não é o que convence a todos, senão não haveria
um bom livro; é o que satisfaz plenamente
uma determinada classe de leitor a quem a obra
é particularmente dirigida..."
Joseph de Maistre,
Du Pape, Editora Droz, 1966

E fetivamente nos dirigimos apenas a alguns e a eles não cansaremos de dizer e repetir que tentem nunca se deixar domesticar; que, por esse motivo, não hesitem em ir contra a corrente dos conformismos lógicos, em particular, políticos e intelectuais que constituem a atmosfera mental do momento. Ambiente calmante do *pensamento conformista dominante* que é difícil evitar e até, às vezes, perigoso transgredir. Já mostrei num livrinho anterior como *A república dos bons sentimentos* procede para marginalizar os recalcitrantes; com a conspiração do silêncio, o ataque *ad hominem* (ou seja, desconsiderar política e teoricamente) e, por fim, quando se pensa ter liquidado o faccioso, roubá-lo. No meiozinho acadêmico, os plagiários são numerosos e desprezam a força do pensamento, contentando-se em demarcar, e de não citar, a fim de atribuir-se alguns audaciosos pensamentos propostos por outros[32]. O plágio toma, nas cenas parisienses, o nome em jargão de intertextualidade, o que, certamente, nada tem a ver com isso! Essa palavra, emprestada da exegese literária, designa a influência e, às vezes, a reverência, mas certamente não essa arte de rechear seu texto com frases roubadas de outras pessoas.

Mas isso do que falo é, no fundo, mais grave que essas indelicadezas. De fato, inúmeros intelectuais franceses sofreram com isso. Trata-se, num primeiro tempo, principalmente, de denegrir o pensamento inovador para redescobri-lo, frequentemente, alguns anos mais tarde sob uma forma mais branda. Citar um autor que, por ser de outros países, está longe, por exemplo, um alemão ou americano, serve frequentemente, aliás, de álibi ao desconhecimento das obras nacionais anteriormente criticadas. Edgar Morin via, assim,

---

[32] Michel Maffesoli, *La république des bons sentiments*, 2008, 2ª ed. Desclée de Brouwer, reed., Factuel Poche, 2010 [*A república dos bons sentimentos*, Iluminuras, Itaú-Cultural, 2009]. Em um anexo, intitulado "*Parasita*", nossa colega americana Yvonne Gutbub mostra como nossas pesquisas (as primeiras publicações são de 1973) sobre o cotidiano, o imaginário, as tribos e suas redes, a pessoa plural, o hedonismo, o reencantamento do mundo, a moda, a estética, as multidões em eventos musicais, esportivos, religiosos, o emocional, etc., são retomadas por vendedores de produtos de segunda mão. Pode-se pensar que tal patifaria intelectual não poupará, em breve, a própria temática da pós-modernidade!

sua sociologia qualitativa reprovada pela escola *bourdivina* que descobriu os métodos não quantitativos e, notadamente, os mergulhos na "área", vinte anos mais tarde. Baudrillard foi por muito tempo qualificado como ensaísta, mesmo se suas análises sobre a perda da troca simbólica são, atualmente, amplamente pilhadas. As análises da pós-modernidade, ou seja, aquelas que tentam decifrar, em nossa sociedade contemporânea, a troca de valores e, portanto, de episteme, não foram levadas em conta na época em que Jean-François Lyotard escreveu seu livro fundador![33] Aconteceu o mesmo comigo, que fui vítima de zombaria quando mostrei o retorno da sociedade hedonista[34], o fenômeno de uma difração da sociedade-nação em tribos e o deslocamento do indivíduo UM (próprio da modernidade) para a pessoa plural[35] (característica da pós-modernidade), além da emergência de uma *Razão Sensível*[36]. Aconteceu o mesmo com *Sobre o nomadismo* e outras análises prospectivas que aqueles que me

---

[33] *La condition post-moderne*, Minuit, 1998 [*A condição pós-moderna*, Jean-François Lyotard, Ed. José Olympio].

[34] *L'ombre de Dionysos*, Le Livre de Poche, 1ª ed. Méridiens Klienscksick, 1982 [*A sombra de Dionísio*, Rio de Janeiro, Graal, 1985].

[35] *Le temps des tribus*, Le Livre de Poche, 1ª ed., 1988 [*O tempo das tribos*, Rio de Janeiro, Forense-Universitária, 1988].

[36] *Éloge de la raison sensible*, Grasset, 1996 [*O elogio da razão sensível*, Petrópolis, Rio de Janeiro, 1998].

processaram na época requentam sem vergonha alguma[37]. Lembro-me de colóquios aos quais fui convidado, cujos organizadores não eram professores universitários, quando meus caros colegas lhes propuseram o neotribalismo como tema, sendo que, atualmente, eles chamam isso de hipermodernidade, individualidade incerta, preferindo falar em grupos ou bandos em lugar de tribos, etc.

Todas essas coisas seriam, somente, sinais de má educação e de ausência de nobreza de espírito se essas repetições fossem de bom nível, mas, a maior parte do tempo, isso não é nada, pois a análise inicial não foi feita. De certa forma, as noções desenvolvidas por Edgar Morin, Jean Baudrillard, Jean-François Lyotard, eu mesmo, fermento para pensar nos movimentos de fundo, uma novidade epistemática, são repetidas como conceitos, ou seja, *palavras-valises*[38] (complexidade, simulacro, societal), comercializadas como tantas marcas e, dessa forma, desprovidas de sua carga estimulante em proveito de uma mistura de bons sentimentos.

Nesse contexto, a crítica da cientificidade faz as vezes de pensamento, e o sucesso de venda, da deslegitimação desta, já

---

[37] Meu livro *Du nomadisme*, lançado em 1997 como livro de bolso [*Sobre o nomadismo*, RJ, Record, 2001], que teve diversas edições neste gênero, dava algumas *ideias-força* para compreender o que se pode chamar de uma constância antropológica. É divertido ver-se que, em 2003, Jacques Attali publica *L'homme nomade*, no qual, à sua maneira, a da vulgaridade comercial, retoma tal ideia. Mas é verdade que ele costuma fazer isso. Dizia-se na época, quando, passando perto do Élysée, ouviam-se funcionar as máquinas copiadoras: "Ouça, Attali trabalha." Ou, pelo menos, *seus escravos*!

[38] N.T. Palavras constituídas do início e do final de duas ou mais palavras.

que ignoram, na maior parte do tempo, o que é realmente a ciência física, química, matemática, astronômica, médica, atualmente obrigada a dar conta, claro, do princípio de incerteza e não atribuindo, há muito tempo, mais confiança à suposta objetividade. Isso não impede que imitem à exaustão os cientistas do século passado, repetindo experiências, estabelecendo leis, e finalmente provando até o infinito o que a intuição e o bom senso são suficientes para estabelecer.

Assim são os plagiários, perdão, os "intertextuais" do momento; assim, como dizia Joseph de Maistre, com sua reconhecida acuidade, esses são os "ladrões de profissão, exclusivamente hábeis em apagar a marca do proprietário nos fatos roubados"[39]. Não daremos os nomes desses ladrões oportunistas, pois seria lhes dar muita projeção, mas, se a universidade francesa sofre o declínio que se conhece, é, em parte, por causa de tais parasitas intelectuais que, pouco a pouco, abastardaram o pensamento autêntico em proveito de um amontoado de lugares comuns convencionais. Isso não se perdoa. Já estamos pagando as consequências. E é apenas o começo, um exemplo entre mil! Há mais ou menos duas ou três décadas, em todos os colóquios internacionais em ciências humanas e sociais, não era surpreendente encontrar uma dezena de intelectuais franceses ocupando o topo da pirâmide: Georges Balandier, Pierre Fougeyrollas, Jean Duvignaud, Gilbert Durant, Edgar Morin, Jean Baudrillard, Serge Moscovici, etc. Em nossos dias, podemos contá-los nos dedos de uma mão (mesmo com dois ou três dedos amputados). Há meses, num importante fórum sobre cultura,

---

[39] Joseph de Maistre, *De l'Église gallicane*, Editora J.-Pélagaud, 1874, p. 58.

em Xangai, eu era, numa centena de conferências, o único conferencista francês. Digo isso não por uma glória vã, mas com tristeza, para sublinhar as consequências de uma inegável degenerescência, que pode ainda, talvez, ser parada!

Inútil voltar ao assunto, mas, se o silêncio da incubação é necessário para "ouvir o barulho da grama crescendo", a de *viver-junto*, é preciso, também, mostrar como aqueles que se paramentam com o belo nome de intelectual (e que parecem, curiosamente, preferir o de *expert*) não são nada disso desde o momento em que se tornam interesseiros corrompidos, que se metem, sem pruridos, a serviço de uma ideologia política ("progressista", "republicana", claro) ou servem para promover os jornalistas apressados. Todas, no mínimo, coisas pouco convenientes e, em todo caso, que não correspondem à *neutralidade axiológica* própria da vocação do cientista. De repente, não sem consequências, temos falsos cientistas, mas verdadeiros estelionatários, com o estelionato transformado em sistema, e isso não é anódico, pois enfraquece o renome do pensamento francês. Não nos orgulhávamos, nos anos 1970, "*de não termos petróleo, mas de termos ideias*"? Continuamos, atualmente, sem petróleo e com cada vez menos ideias. E isso porque esses burgueses da República esforçam-se em passar seu tempo e sua energia ensurdecendo-nos com suas vãs polêmicas ou tentando vender como teorias científicas as diatribes políticas (revolucionárias, claro) de baixo calão.

Brincadeira de crianças como qualquer outra, se poderia dizer, ou, ainda, uma manifestação do "divertimento" que tenta usar de astúcia com o tédio existencial. Certo, mas de repente, a respeito desses falsificadores, desses supostos pesquisadores que não cumprem o "dever de Estado" que deveria corresponder ao seu status. É preciso lembrar o motivo pelo qual são pagos e por isso, é verdade, os jornalistas mediadores e os atores políticos não informam mais nada. Giambattista Vico falava da "*boria dei dotti*", que posso traduzir assim: a arrogância dos sabidos. Ou seja, aqueles que esqueceram que a ciência é o conhecimento dos fundamentos, com um saber principal, essencial. E que, assim, apenas são animados por suas convicções, sua "militância", suas opiniões pessoais. Mas a doxa ainda é um conhecimento generalizável? Certamente não. Eis o estelionato, a moeda falsa, o fato de que é rejeitada antes de poder ser utilizada!

Questionamo-nos e com razão inquietamo-nos, não sem causa, sobre a perda de prestígio da Universidade francesa, seja no estrangeiro ou em nosso próprio país. Não é, talvez, exagerado dizer que sua fonte direta é a conjunção da mediocridade e da covardia, cada qual gerando a outra. Covardia em relação a qualquer audácia de pensamento, a qualquer assunto tabu, a qualquer método discordante, que anda junto com a desconfiança habitual no meio universitário sobre qualquer coisa cuja mediocridade não seja garantida. Ao final, isso dá frutos, como, no caso, o desinteresse em relação a nossas universidades. É bem conhecido que os melhores elementos, ao sair do ensino médio, preferem as classes preparatórias. Quando entrei na Sorbonne, em 1981, jovem professor, consegui me integrar a uma equipe composta de professores reconhecidos, como Georges Balandier, Louis-Vincent Thomas, Raymond Boudon e François Bourricaud. Não abordávamos as mesmas temáticas e nem sempre estávamos de acordo, mas era normal, perante os estudantes, constituir uma comunidade docente. Agora, as indiscrições de estudantes algo chocados me mostram a que ponto ela está despedaçada; as críticas *ad hominem* de certos colegas já são feitas em lugares públicos e, o que é mais grave ainda, nas salas de aula, isso sem falar das páginas de enciclopédias on-line, como a Wikipédia, que contém mais frequentemente ataques políticos ou jornalísticos que controvérsias intelectuais. Outros estudantes contam-me sobre seu espanto quando são proibidos de citar, em seus trabalhos, algum dos autores malditos, apesar de suas pesquisas serem justamente sobre os livros banidos. *Index Librorum Prohibitorum*, decididamente, a raiva teológica continua a castigar!

Até os anos 1990, em inúmeras disciplinas das ciências humanas, sociais e políticas, a França era passagem obrigatória para defender tese ou, em todo caso, seguir durante algum tempo os cursos de pensadores cujo renome internacional já estava estabelecido, mas esse não é mais o caso, o que faz com que as mentes livres se questionem, sejam elas do mundo acadêmico, político ou midiático. Existe, de fato, alguma coisa de rebaixado no *mundinho* universitário que faz com que o produtor de alimentos revigorantes passe a confeccionar sopas insossas. O *Canada dry* sem consistência substituiu os álcoois abundantes; ele tem a cor, sem ter o sabor, e isso já se sabe. Talvez seja preciso ver nisso, também, a consequência de um marxismo mais obsoleto e, além disso, mais inculto, como a vulgaridade do leninismo, do stalinismo e do trotskismo, que marcaram fortemente a *intelligentsia* francesa. Os professores-pesquisadores (essa é, na novilíngua, sua denominação controlada) não estão necessariamente conscientes, mas tal marxismo constitui de alguma forma seu "cérebro reptiliano" e é o fundamento de seus instintos e da *opinião* que legitima suas análises "científicas". É sobre essa base que eles fazem com que suas convicções ou suas diatribes políticas passem por teorias fundadas na razão que chamam de "teoria crítica", uma teoria que deve servir à emancipação de um pobre povo alienado.

Nesse sentido, sem saber demasiado sobre isso, pois sua cultura é bem escassa, eles são os indubitáveis herdeiros do imortal Andrei Jdanov, esbirro bem conhecido do não menos imortal Stalin, para quem os intelectuais deviam ser os "engenheiros das almas". Sua obra maçante, *Sur la littérature, la philosophie et la musique*[40] (e o que mais ainda?), é testemunha disso e pode-se, de maneira instrutiva, reportar-se a ela e ver como as receitas que ele propõe são exatamente as usadas por nossos professores-pesquisadores nas associações profissionais que os representam ou nos sindicatos que defendem seus privilégios batizados de aquisições sociais. Encontra-se esse arcaico marxismo nos ensinamentos que os sociólogos fornecem nas escolas de serviço social, nas escolas profissionalizantes de paramédicos, nas formações administrativas e até, às vezes, nas escolas de gestão. Vemos ressurgir temas dos anos 1960, reivindicações igualitárias e *laicas* realmente fechadas às mutações societais em curso. Daí a incapacidade dos intelectuais, mas, também, dos políticos e jornalistas, de verem o quanto nosso modelo nacional de integração está em dificuldades e como, denunciando sem cessar o *comunitarismo*, deixa-se aos grupos mais extre-

---

[40] Andrei Jdanov, *Sur la littérature, la philosophie et la musique*, Paris, Éditions de la Nouvelle Critique (bem nomeada!), 1950.

mistas, fundamentalistas religiosos ou políticos, a responsabilidade de propor essas solidariedades de base, essas trocas tribais que são o único cimento de uma sociedade.

Não devemos, portanto, nos espantar com a decadência da qual falamos e igualmente nem que os produtos adulterados utilizados pela classe política ou midiática sejam os menos adequados para compreender a mutação societal atual. Efetivamente não é servindo-nos de fórmulas catequéticas elaboradas há um século e meio, no apogeu da modernidade, que podemos chegar a elucidar e até colocar as questões suscitadas pela sociedade contemporânea, que temos tanta dificuldade em considerar como, verdadeiramente, *pós-moderna.*

É preciso dizer com franqueza que o pensamento autenticamente alinhado com sua época nunca é o resultado de um dogma e, *a fortiori*, de uma classe que se institui guardiã desse dogma, mas, ao contrário, é enraizado na vida atual. Nesse sentido, deve, à vezes, pensar contra si próprio, pois só assim pode evitar a abstração, a sofisticação inútil e ser concreto. Posso lembrar aqui a etimologia deste termo: *cum crescere, crescer com*; estar enraizado na própria forma em que se *apresenta* e conectado à vida do *homem sem qualidade*, esse qualquer um que constitui o que Montaigne chamava de nossa preciosa e tão frágil *"canalhice".* Mas, para isso, contra os diversos conformismos do dogma estabelecido, é preciso saber se desmistificar das desmistificações mais mistificantes. De fato, as teorias da emancipação (aquelas da desmistificação) são o próprio fundamento do modernismo elaborado ao longo do século XIX e é essa postura intelectual que constitui a doxa contemporânea, o *politicamente correto*, sob suas diversas manifestações, que consistem a só pensar no elo social em função do parâmetro racional ou a partir de uma concepção racionalista. É incorreto estar atento ao poderio do mito, à importância do imaginário e ao retorno, sob suas múltiplas formas, do emocional como elemento estrutural do *estar-junto*.

Por exemplo: o feminismo engajado, a militância de Clémentine Autain, de Caroline De Haas, para citar somente elas, prontas a obrigar, para seu maior bem, evidentemente, as mais recalcitrantes das "pobres mulheres com véus" ou as prostituídas, sempre "vítimas dos homens", como afirma, de maneira repetitiva, uma das pudibundas virgens em questão. No mesmo espírito de militante agressiva, há Caroline Fourest. A sabedoria popular diz com justeza que não se discutem gostos e cores; ninguém lhe contestará por ter os seus. Mas é realmente necessário compreender incansavelmente as sempiternas cantilenas androfóbicas ou heterofóbicas dos incontáveis debates televisivos que se sentem obrigados a convidá-la? Tudo isso cheira bastante a mistificação dogmática!

Não se pode entender essas diversas histerias coletivas contemporâneas, o que faz tremer o ventre (útero) coletivo, se não se tem em mente que as emoções diversas não podem mais ser relegadas para trás do muro da vida privada, esta *"privacy"* tão cara à burguesia moderna, mas que tende a contaminar a esfera da vida pública. Isso é o que, contra o *pensamento dominante contemporâneo* dogmático, convém analisar, aceitando o risco inerente. Porque se sabe, desde antigamente, que, quando não se pode refutar a *monstração* do que é, ataca-se aquele que cruamente a apresenta. "O empirismo organizador" de Auguste Comte foi, no seu tempo, combatido e atualmente continua assim. Por um mimetismo sobre o qual será preciso voltar, as tribos de professores universitários nada têm a invejar às *escórias* citadinas: panelinha hermeticamente fechada, endogamia ritual e, em consequência, boatos, grosserias sem graça e outras atitudes do mesmo tipo que Gabriel Tarde tinha, justamente, chamado de "leis da imitação". O conformismo lógico das tribos pós-modernas com seu linguajar, seus vestuários, sua forma comportamental, tem a mesma origem. Para as tribos acadêmicas, o ataque *ad hominem* baseia-se em discursos tão banais quanto os usados a respeito da "Ciência" unívoca e uniforme.

O boato extrairá daí seu veneno maléfico; blogs, fóruns de discussão, mailings, com a ajuda do Facebook, são os "amigos" (realmente cheira bastante a uma atitude mafiosa!) que se encarregarão de ajustar o passo e, conforme, de marginalizar os que não têm o odor da matilha. De maneira paradoxal, é a partir da contaminação emocional que se vai tentar lutar contra um pensamento que, justamente, lembra a importância do emocional.

Não posso deixar de citar um fragmento de um sermão de Lutero sobre a maledicência, no qual ele faz uma comparação instrutiva com as víboras que "concebem e que geram pela boca. [...] o detrator é a víbora masculina e quem escuta é a víbora feminina, e ambos misturam seus venenos contra seus irmãos"[41]. Deixemos a ele a responsabilidade da comparação e até da veracidade do propósito. Certo é que é

---

[41] *"Sunt similes loquens et audiens, viperis, quae per os concipiunt et seminant [...] detractor est vipera masculina, audiens est foemina, qui miscent mutua venena contra fratem." Sermo contra vitium detractionis* (Sermão contra o vício da calúnia).

uma atitude animal consistindo em defender um território contra tudo o que parece estranho e estrangeiro. No caso, contra o que impede de pensar em círculo e avançar no passo cadenciado de um refrão familiar do dogmatismo dos valores sociais próprios da modernidade, o de um *estar-junto* puramente racional. Sabe-se, desde que se é protegido pela segurança de um dogma comum, que não há rapace intelectual que, do alto de sua asneira, não se considere superior ao intruso. Vendo-se o horror que o *outcast* lhe inspira, pareceria que o saber instituído treme por sua integridade. Que ele se tranquilize, só se derruba o que está em pé! O saber instituído se curva diante dos diversos princípios da realidade, dos quais se serve a inquisição moderna, os da *realpolitik*, da primazia da economia, da excelência da atitude contratual (pela essência racional) ou da universalidade dos valores republicanos, de uma *República Una e Universal* que parece pouco oportuno ou, em todo caso, bem arriscado questionar.

Mesmo se a visão que têm os modelos das democracias geladas do Norte, como a juíza militante política Eva Joly, deixa pouco espaço para a realidade da vida nesses países, o puritanismo e o proibicionismo erigidos em lei universal não fazem desaparecer a exacerbação das violências, bem ao contrário. O *bingen drinking*[42] é um exemplo disso, como os assassinatos cometidos por Anders Breivik ou os incêndios de igrejas pelos extremistas.

Mas a vida, em suas constantes mudanças, a vida que passa e que flui, parece não mais querer estar encerrada nesses que foram os belos dias da modernidade, no que constituiu, em par-

---

[42] A bebedeira eventual de alto risco. Alcoolismo.

ticular, o "modelo francês". No pêndulo das histórias humanas, ela põe abaixo esses famosos princípios de realidade. Logo, um Real mais rico, pois cheio de fantasias, imaginações, fantasmagorias societais, encontra um inegável vigor, o do ideal comunitário, do pacto emocional, do imaterial; o preço das coisas sem preço. É tudo isso que faz com que a *conjuração dos imbecis*, medíocre, maldosa e um tanto boba, não seja um simples problema para uso do meio acadêmico. É cheio de consequências para a compreensão do mundo em gestação, o da pós-modernidade. Pois a liga das mentes subjugadas contra as mentes livres, aquela dos escravos do economicismo que querem separar os que, com desenvoltura, pleiteiam uma ecosofia muito mais prospectiva, essa liga trava um combate de retaguarda, ela o pressente, mas, como sabemos, esses combates são os mais virulentos, pois os que sabem que perderam vendem muito caro a sua pele.

Os Verdes franceses se atrelam a qualquer ação feita de modo programático para nos salvar da catástrofe já anunciada por uma ciência do clima que se construiu sobre um modelo caótico. De fato, nossos *apparatchiks* esverdeados são apenas os inquisidores que nos remetem constantemente a famosos pecados de consumo, essa culpabilidade do ser vivo que cresce.

De onde a figura do clérigo odioso que, por motivos teóricos, ou seja, de boa-fé, detesta seus colegas, insulta os políticos que não partilham de sua opinião e despreza os jornalistas, pelo menos aqueles que não estão atentos às suas fulgurantes análises. Vilfredo Pareto, em sua acerba ironia, mostrou bem como a racionalização vinha sempre *a posteriori* para legitimar impulsos dos mais primários. Por exemplo, a inveja, que cresce de forma a jamais escutar ou ler um colega que tem sucesso, a fome de lucro, que estimula a retomar, sem citar a origem, as análises de que empresas são, sabidamente, consumidoras vorazes. Aliás, é divertido ver como inúmeros desses professores têm três registros de palavras e, sobretudo, três registros de análise. Primeiramente, nos cursos universitários e nos relatórios de pesquisa, o que chamamos de literatura cinzenta, destinada aos comitês e diferentes comissões públicas; é aí que a doxa marxista é colocada. Em seguida, na mídia mais leve, encontramos algumas "boas palavras", espécie de produtos de comunicação, um misto de sua própria produção com a de outrem. E quando, enfim, eles tem sucesso ao serem financiados pelas empresas nas pesquisas, as quais, frequentemente não publicadas, deixam de temer o plágio arranjado como um molho barato de conceitos[43].

O professor François Raveau, figura acadêmica e, talvez, mente livre, dizia-me: "Você não tem o odor da matilha." É verdade que todos esses comportamentos "entre caros colegas" não são, finalmente, nada além de modos de socialização animal, de animais sujos ou mal adestrados como os saguis, por exemplo, que sujam o território comum. Seria fácil achar no *homo academicus* inúmeras figuras que lhes

---

[43] Eis aqui o caso caricato de um "sociólogo", protótipo dos "ladrões profissionais". Após ter, juntamente com a matilha de seus congêneres, vituperado contra as análises propostas por mim (cotidiano, imaginário, tribo, nomadismo...), ele "copia" tudo isso em uma pequena obra já programadamente obsoleta, mas com um título evocativo para os que leem sempre. Inútil dar seu nome, pois isso lhe atribuiria uma importância que ele não merece, mas as mentes curiosas o consultam para se aprimorarem. O "livro" em questão é: *Les nouveaux imaginaires du quotidien* (sim!), Editora Descartes, 2008.

podem ser semelhantes, mas não vamos forçar mais a comparação, basta lembrar este ditado que não necessita de tradução: *"homo homini lupus, mulier mulieri lupio, sacerdos sacerdoti lupis-simus"*. Plauto, Bacon ou Hobbes, em parte ou na totalidade da fórmula, sublinharam sua pertinência. A vida cotidiana das instituições universitárias ilustra à vontade a atualidade dos complôs, querelas e outras intrigas que gastam, inutilmente, uma energia que poderia ser mais bem empregada em outros assuntos, como no esclarecimento do *que é*, aí está, por exemplo.

Qual é a origem de tal energia trapaceira? Talvez nesse estranho prurido que empurra o pesquisador, normativo, judicativo, a confundir os gêneros e, por ter-se esquecido da sábia distinção colocada por Max Weber entre o político e o cientista, ei-lo decidido a legislar, indicar o *dever ser* ou decidir normas de ação; isso apesar de que o próprio da *vita contemplativa* é, essencialmente, "deixar ser" toda coisa e acompanhar, serenamente, o poderio interno das situações, das maneiras de ser e de pensar. Fazer delas sobressair as características essenciais, colocar em perspectiva histórica, lembrar como, antropologicamente, as "coisas" humanas nasceram e para o que elas evoluíram ou regrediram. Essa humildade de conduta, do questionamento da genealogia e da evolução, é, certamente, a única que pode ser útil à *vita activa*; aquela do político ou do jornalista-mediador.

O homem "ativo", político, tomador de decisões, jornalista é estruturalmente moralista, ou seja, usa uma lógica do *dever ser*, o que deve ser o mundo e aqueles que o habitam. A *não ação* é a essência do "contemplativo", o que não significa imoralismo, mas, antes, amoralismo. Isso não é fácil de aceitar para si mesmo e de fazer com que os outros admitam. Em uma virada de sua vida intelectual, virada que permite o que seria o fulgor de seu pensamento, Nietzsche dizia que ele deveria em breve exprimir "ideias consideradas como difamatórias", mas que, mesmo em detrimento de seus amigos ou relações, ele deveria passar "através desse braseiro"[44].

Belas metáforas que mostravam que a nobreza própria da *mente livre* é não poder se calar quando esse desvendamento das coisas, que é a verdade, o necessita. Do "*non possumus*", de Lutero, às "ideias consideradas como difamatórias", de Nietzsche, há uma longa lista de todos os criadores que não se contentam em repetir lugares comuns já decorridos, mas que acham as palavras pertinentes que permitem a cada um pensar por si mesmo. Pois, contra o que é demasiado frequente de acreditar e de dizer, a sabedoria popular é essencialmente recalcitrante aos conjuntos de pensamentos simplistas que se têm o hábito de lhes dar, seja jornalisticamente ou politicamente. Certamente a atualidade não é avara desses momentos em que predomina o que se pode chamar de histeria de "mulheres". As campanhas eleitorais, encontros sindicais ou políticos, reuniões esportivas e congregações religiosas de qualquer ordem foram testemunhas disso que sai do impulso animal e consiste em se perder no outro para existir por si mesmo. As comunhões emocionais pré e pós-modernas são as expressões extremas de tais histerias; entretanto, tirando esses momentos em que prevalece o efeito da impulsividade do instinto, o que é mais durável, realmente, é o "quanto a si". Essa reserva, quase antropológi-

---

[44] *Fragments posthumes*, 1875, 5 [190], Gallimard.O.CII, 2.

ca, em relação ao que é imposto pelo poder transbordante, é fácil de observar, mas difícil de conceitualizar, seja política, econômica ou culturalmente. De minha parte, analisei, há muito tempo, esse tal "quanto a si" como se fosse um dos elementos de base da vida cotidiana, o que permite compreender a espantosa duração da vitalidade popular, que resiste ativamente ou passivamente aos diversos "príncipes" que se esforçam em domesticá-la e até em erradicá-la.

Os *poderes* verticais são efêmeros, o *poderio* horizontal é de longa duração. Esse "quanto a si" pode se exprimir na abstenção, durante as pesquisas eleitorais, ou, ainda, na versatilidade da opinião pública, um golpe à esquerda, um golpe à direita! Mas é particularmente evidente na ironia, no humor, na zombaria e em outras armas daqueles que o amigo Pierre Sansot chamava de *gente simples*, com uma eficácia das mais temíveis[45]. As discussões nos balcões dos cafés de outrora ou as fofocas das redes sociais e diversos sites comunitários aí estão para provar que os povos são reticentes a qualquer pensamento convencional. Com isso em mente é inoportuno e, ainda mais, ineficaz para o intelectual querer ir "a favor da corrente" fazendo como os comerciantes um tanto desonestos que vendem, às escondidas, produtos de segunda mão. É, mesmo assim, somente com julgamentos emprestados que este último se coloca, definitivamente, face ao bom senso popular que diz "isso não se faz". Ao contrário,

---

[45] Pierre Sansot, *Les gens de peu*, PUF, 1991. Sobre as redes sociais, Stéphane Hugon, *Circumnavigations: L'Imaginaire du voyage dans l'expérience Internet*, Editora CNRS, 2010, capítulo IV: "La dynamique communautaire", capítulo VII : "L'être-ensemble et la technique".

é indo na contracorrente dos preconceitos dominantes que ele pode dourar novamente seu brasão e restaurar a deferência que, naturalmente, se concede à nobreza de espírito. Não esqueçamos, é assim que, para retomar uma expressão do filósofo marxista (e algo marginal) Antonio Gramsci, o "intelectual orgânico" traz sua contribuição (chamo de "contemplativa") à compreensão do mundo e pode acompanhar a ação daqueles cuja vocação é agir.

Sem conseguir enumerar todos, podemos lembrar que há momentos em que essa *organicidade* do intelectual foi causa e efeito de uma grande cultura. Sabe-se que por trás de Alexandre, o Grande, encontra-se a figura do fundador do Liceu, Aristóteles. Citamos ainda Suger, Abade de Saint-Denis, cuja obra histórica ou arquitetural está longe de ser desprezível, o qual teve papel importante junto aos reis Luís VI e Luís VII. Acontece o mesmo, antes do fim do Antigo Regime, com todos os filósofos das Luzes, que esboçavam, em seus livros, o que seria a modernidade. Pode-se, também, lembrar o título de todos os filósofos alemães, de Hegel à Husserl, "Gehimrat", conselheiro íntimo de todos que agiam na esfera pública. Esses acima citados não entravam na categoria dos sábios que Weber acusava de estarem em uma confusão de gêneros com os políticos porque eles não faziam, mesmo falando aos poderosos (e afastados das ondas midiáticas, claro), nenhuma concessão à exigência de pensamento e de lucidez.

Em cada um desses casos, o que chamo de *organicidade* é esta capacidade em detectar e, sobretudo, em saber dizer a especificidade do espírito do tempo. É estar em harmonia com as aspirações, os desejos, as motivações, as emoções populares e mesmo traduzi-las junto àqueles que fixam tudo isso, os "príncipes" do tempo. Mas estar em harmonia com a atmosfera mental é, também, saber romper com o peso das rotinas filosóficas. Esse enfraquecimento dogmático que sempre ameaça ao mesmo tempo o intelectual e, em contragolpe, os homens de ação em suas diversas áreas.

Há uma injunção do filósofo Emmanuel Kant que resume perfeitamente este estado de espírito: *"Sapere aude"*![46] Quem faz assim, atualmente? Aqueles mesmos que pretendem ser científicos, esses pesquisadores que não encontram nada, que, em vez de ousar pensar por eles mesmos, o fazem tribalmente, emocionalmente, ou seja, histericamente. A esse respeito é frequente ouvir este tipo de frase em que, mais ou menos, o sintático entra na disputa pelo erro gramatical: *"Eu não li, eu não vi, mas ouvi falar"*, o que permite os piores delírios que se fazem de vetores ativos, ou seja, na internet, os mailing profissionais ou sindicais e os diversos blogs.

Não posso me impedir de remeter à página que me diz respeito na Wikipédia, visto que, ao lado da apresentação de minha obra, com listas bibliográficas consequentes de uma obra traduzida, gostaria de lembrar, em uma vintena de línguas, encontramos as mais peremptórias reprovações. Sou acusado de autopromoção, de nomeação contestável, etc., em nome de um severo questionamento da cientificidade de minha obra. Ah, vocês dirão, o método é atacado, as noções são criticadas? De jeito nenhum, só o argumento, e eu sustentei uma tese de uma mulher que é também astróloga e que fez uma tese de sociologia, média, na verdade, mas não

---

[46] Ouse saber.

pior que muitas outras, sobre a recepção de sua prática na mídia. Não creio que a signatária (por uma vez não anônima) deste parágrafo tenha lido um único de meus livros ou artigos para poder, em todo caso, discuti-los![47]

Estamos, aqui, longe do espírito das Luzes, que, em todo caso, não emitem mais uma luz contínua, pois sua energia é de fonte emocional e, portanto, mutável. O afirmado racionalismo desses sabedores é, desde então, uma antífrase, pois designa seu contrário, ou seja, a prevalência do mais banal conformismo. Tal abastardamento de espírito, em si, não se prestaria de outro modo ao resultado se não sublinhasse, de maneira caricatural, a desconexão das elites com os povos que elas deveriam representar. Neste sentido, o *pensamento conformista dominante,* ou qualquer outra atitude "correta", é o indício de uma época em que prevalece uma imaturidade infantil, pois é ela que caracteriza o preconceito, o que vem antes do que se possa julgar por si mesmo. Isso favorece um sentimento imediato, sem mediação, o que está na origem de todos os delírios coletivos.

"*Eu não li, eu não vi...*", eis o preconceito que não se ousa chamar como tal (lembrei da *racionalização-legitimação* de Pareto) e que vamos reencontrar na profusão de abaixo-assinados, protestos, *blackout* e outros boicotes que, em todas as áreas, teatralizam as comunhões emocionais que são tudo, exceto muito racionais. Em tempos muito antigos, a técnica do bode expiatório, aquela de colocar no index, no dogmatismo eclesiástico e

---

[47] Ver minha análise em *La république des bons sentiments et autres écrits de combat,* 2008, reed., Embrasure, DDB, 2010, p. 221. (Bem usado na Wikipédia). [*A república dos bons sentimentos,* Iluminuras, Itaú-Cultural, 2009].

igualmente em quarentena, eram mecanismos de exclusão que chocam frequentemente aqueles que, tentam, frente às opressões acadêmicas, fazer surgir uma ideia ou um texto inovador. Aliás, é interessante notar que nas transmissões de abaixo-assinados, como falei, infantis, a maioria daqueles que os assinam são obrigados a fazê-lo. Dependência do empregado em relação ao chefe de serviço, do estudante em relação a seu professor e de inúmeras situações do mesmo tipo que traduzem, paradoxalmente, a persistência de práticas quase feudais, clientelistas e mafiosas.

Tomando este termo no sentido estrito, trata-se de manter crianças "em cima do muro", ou seja, limitar a liberdade de seus movimentos, e, para dizer tudo, mantê-las sob tutela. Vincent Peillon vê no ensino de uma moral de Estado a solução de problemas que só existem pela negação das mutações em vigor. É o que permite explicar as posições adotadas, as cegueiras coletivas, bases dos comportamentos sectários que fazem rejeitar uma (re)novação a partir de um *a priori*, de uma etiqueta ou de uma estigmatização, sejam elas quais forem. Técnicas de exclusão que, dissimulando os conceitos estabelecidos do fardo do conformismo dominante, favorecem a preguiça do homem público, político ou jornalista que, premido pelo tempo ou pela atualidade, encontrará nessa rotina ao alcance da mão um pretexto fácil para evitar o esgotamento até a "essência", o que percorre em profundeza e verdadeiramente o corpo social.

Para respirar o ar puro de um pensamento sem concessão, diz Hegel: "O bem conhecido em geral, por ser bem conhecido, não é conhecido. É a ilusão mais habitual de se enganar e aos outros, ou seja, supor, sobre o conhecer, alguma coisa bem conhecida e assim aceitá-la; com toda essa maneira de discorrer a torto e a direito, tal saber, sem saber como isso lhe acontece, não sai do lugar!"[48] É de Hegel, mas acima de tudo, límpida! Esse "bem conhecido" reforça a preguiça, o *statu quo*, e assim os privilégios das vantagens adquiridas. É nesse sentido que o *pensamento conformista dominante* teórico, tão progressista quanto ele possa se reivindicar, é *de fato* o mensageiro do imobilismo. Aliás, a maior parte do tempo, tal conformismo lógico favorece intelectuais de série B, os que borboleteiam e não têm envergadura, que colocaram com certa audácia e com familiaridade a mão no ombro das mais altas questões filosóficas e, assim, sujaram um pouco essas questões! São apenas "moscas que seguem a carruagem", que se agitam por um minuto e meio e das quais, passado este tempo, ninguém se lembra mais. Ao confundir os gêneros, eles assumem, por exemplo, a profissão de "sociólogos", ou seja, acreditam terem feito a carruagem avançar ou, em outras palavras, "fazer" a sociedade "construí-la". Atitude paranoica, talvez, essa de um Deus criador, *ex nihilo*, do mundo em seu todo. A sociologia francesa foi, a esse respeito, paradigmática e, sobretudo, os discípulos de Bourdieu, qualificados, justamente, de "bourdivinos". O que mostra bem sua pretensão de intelectuais que guiam, de maneira dominante, e não acompanhante, a ação do político. Mas saibamos manter a razão, pois, como mostra Edgar Morin, com seu humor revigorante, justamente a propósito, sobre os dois principais protagonistas dessa escola dogmática: "Esses insignificantes, graças a Deus, passarão!"

No momento, mas só por um minuto ainda, esses fabricantes de sociedade estão em todas as comissões do saber es-

---

[48] Friedrich Hegel, prefácio à *Phénoménologie de l'esprit*, Gallimard, 1993, p. 92.

tabelecido. Publicam nas revistas de uso dos burocratas e dão algumas legitimações teóricas aos diversos tecnocratas que têm falta de uma suplementação de alma. É verdade que eles usam de truste com as agências de avaliação e com outros observatórios de ação pública e é preciso dizer que, quando se tem, para pensar, apenas um par de nádegas, pode-se sentar em todos os comitês bizarros. No momento, então, eles monopolizam as instâncias decisórias das áreas culturais e intelectuais e exercem esse monopólio com uma total hipocrisia, ou seja, sem ter medo de prostituir o pensamento ao se vender à melhor oferta. Tudo isso em matilha, pois a especificidade desses "pesquisadores" apoia-se num mimetismo naturalista que os faz imitar uns aos outros e, com certeza, copiar tranquilamente o que puderam compreender dos "pesquisadores" originais; onde encontramos o *Canada dry* cuja publicidade exalta o sabor sem graça e a perfeita imitação do álcool em sua força original.

O que resulta disso? Algumas sentenças que perderam o verdor da juventude, a de *Puer aeternus*, e que ainda não atingiram a sabedoria do antigo, aquela do *Senex*, de experiência comprovada, o que apresenta um lacrimejante lamento, que deplora constantemente a insondável *miséria do mundo*. Eco contemporâneo desse *taedium vitae*, esse desgosto da vida, correlativo de um pecado original e estruturalmente imperdoável. Um exemplo extremo é o sucesso de Stéphane Hessel e de sua "indignação" barata. Três euros não é pagar caro para se dar uma boa consciência[49], sobretudo quando

---

[49] Stéphane Hessel, *Indignez-vous*, Editora Indigène, Montpellier, 2010 (32 páginas, não dá para se ficar muito cansado). Deve-se, aliás, notar que, no gênero "lucrativo", houve uma miríade de "livros" dessa espécie. Não tem como se espantar com a queda livre da *French Theory*.

se sabe que esta é a camuflagem de uma falsa consciência, ou seja, que, cego pelos bons sentimentos, tem-se uma vista errônea da realidade ou, melhor, vê-se apenas aquilo que se quer ver. Entre Bourdieu e Hessel não há diferença alguma; ambos secretam uma moralina das menos apetitosas. Pouco afastados de sua origem judaico-cristã, esses especialistas da deploração vão, assim, reforçar os que dão lições políticas, cheios das teorias da emancipação próprias do século XIX e que não compreendem nada sobre o relativismo alegre da sabedoria dos povos. Uma frase de Gustave Flaubert surge em minha mente: "Cuidado com a tristeza. Ela é um vício".

Pois esses que querem fazer a felicidade das pessoas (essa "gente", são seus empregados?), mesmo contra sua vontade, são frequentemente tristes senhores com um modo, intelectual e físico, rígido e grosseiro. Lembremo-nos do par Robespierre-Saint Just: "A felicidade, uma ideia nova na Europa", diziam eles, cortando algumas cabeças e arruinando a vida de muitos para "o bem maior" da humanidade em geral. São em grande número esses "filantropos" atuais, que não estão longe de compartilhar tal ideologia. Georges Palante falava do "espírito de padre". Continua presente, com certeza, nesses "sabidos" o que é bom para o povo, não poupando maneira alguma, mesmo a mais contestável, para atingir o objetivo que fixaram.

Não se ousa falar muito isso, mas há sempre, no inconsciente do *Reformador*, a imagem do campo de reeducação que foi o modelo final de todos os totalitarismos (comunistas e nazistas) do século XX. Meu saudoso amigo Yves Stourdzé, sociólogo de mente livre (o que não é tão frequente em nossos dias!), havia mostrado, com alguma insolência, de que forma os campos haviam empurrado, até seus mais extremos limites, a lógica do racionalismo[50] mórbido e mortífero. Não devemos esquecer esses momentos históricos muito próximos, em suma, quando se sabe que são numerosos os tomadores de decisão de todos os tipos (políticos, jornalistas, professores universitários de renome) que foram, em sua juventude, sectários desses totalitarismos revolucionários. Eles formaram herdeiros que têm a mesma fantasia de uma sociedade perfeita e, portanto, purificada!

É um paradoxo, pois o excesso das Luzes jogou uma nuvem enganadora, unilateral, sobre uma vida social, cujo mérito essencial é o de ser plural e complexa, portanto, imperfeita. É certamente nos vãos discursos desses "Saint-Just" contemporâneos que se pode ver a expressão caricatural do fosso existente entre os eleitos e os povos. Do mesmo modo que os "sabidos" são forjados e fascinados pelas teorias da objetividade e da validade universal de seu racionalismo fundador, o homem sem qualidade se agarrará à singularidade de sua vida cotidiana e ao relativismo que isso provoca. Relativismo, não se deve cansar de repeti-lo, como relativização das verdades entre elas mesmas e inter-relacionamento dessas verdades plurais, de onde a importância do presente que, regularmente, encontra um novo vigor na organização do *viver-junto*, assim como Goethe escreve em seu *Fausto*: "O que recusaste agora, nenhuma eternidade te devolverá."

O que, então, precisamos nos dar conta, o que permitirá acompanhar a ação do político e a descrição específica própria das mídias, é que a universalidade do conceito já teve seu tem-

---

[50] Yves Stourdzé, *Organisation, anti-organisation*, Editora Mame, 1973.

po, o qual, depois de ter sido útil, tornou-se nocivo. Assim como o racionalismo, do qual ele é o instrumento privilegiado, após ter sido uma ferramenta liberadora, tornou-se uma superstição. Por exemplo, não se dirá jamais o suficiente como e de que forma o número, o quantitativo, a estatística, estão em via de se tornar a astrologia do mundo pós-moderno. A fascinação exercida pelas sondagens de todas os tipos é testemunha disso, enquanto que sua confiabilidade é simplesmente proporcional à crença que se dá a ela!

O caráter da explicação para a estatística, que não poderia ser mais aleatório, é, evidentemente, reforçado pela fraca qualidade da estatística dos sociólogos que se empanturram, e a nós junto, com suas curvas e correlações e esquecem, em sua obsessão causalista, que uma correlação não é exatamente uma explicação. Assim, se o risco de não conseguir obter o diploma do Ensino Médio é maior para as crianças que repetiram o primeiro ano do Ensino Fundamental do que para aqueles que fizeram sem problema sua progressão escolar, isso não pode significar, de modo algum, que devamos eliminar as repetições, causas do fracasso escolar. O mais que se pode dizer é que, necessariamente, deve-se substituí-las por cursos de recuperação para os alunos que não adquiriram as bases elementares de um ano de ensino. Do mesmo modo, temos tendência, impulsionados pelo ambiente geral de lamentação, a atribuir à pobreza econômica todos os males societais, como maus-tratos a crianças, violência conjugal, fracasso escolar e problemas de saúde. Eles esquecem, como medíocres estatísticos, que devem se interrogar sobre a parte atribuível a certos fenômenos. De certa forma, pode-se dizer que os números são apenas a cobertura de opiniões políticas de um baixo marxismo, moralistas e higienistas e, na verdade, normativistas.

Contra a arrogância do conceito e a unilateralidade do racionalismo, é importante colocar esta maneira prudente, plural, *relativista*, sabendo levar em conta o que é imperceptível ou invisível, ou seja, tudo que leva à "proxemia": a vida de todos os dias, a centralidade escondida da banalidade. Não é neutralidade dizer, a esse respeito, que o dia do *"four banal"*[51], na Idade Média, era um dia de festa comum em que se elaborava o pão *substancial* (e não, simplesmente, material), que servia de cimento agregador para a comunidade. Era o momento em que as paixões, as emoções e os diversos afetos podiam se expressar e assim estruturavam o ideal comunitário, fundamento de todo humanismo pensado e vivido na sua integralidade.

Pode-se facilmente transpor essa análise para um universo tão diferente quanto o da organização do trabalho numa empresa. A visão puramente quantitativa do tempo de trabalho, puramente racionalista também, levou a diminuir cada vez mais o tempo da convivência na empresa. Como a produção deveria permanecer a mesma, sem aumentos significativos dos salários, passou-se a caçar os "tempos-mortos", muito vivos, das liberdades intersticiais, aqueles gastos conversando junto à máquina de café, fumando na frente do prédio, participando de despedidas de aposentados, de recepções aos que que chegam, de comemorações de bons resultados, de aniversários, etc. Nenhum desses *tempos ociosos* era efetivamente ligado à produção, mas, evidentemente, tinham uma função insubstituível, como facilitar

---

[51] N.T. Forno feudal, pertencente ao senhor do feudo, onde todos eram obrigados a cozinhar seus pães, para proteção contra incêndios. Era também um dia de encontros e de relações sociais.

a distribuição de relatórios de confiança, que eram embasados em trocas não diretamente produtivas, mas gratuitas. Enriquecer o inconsciente coletivo e desenvolver assim a criatividade em seguida utilizada; permitir a descontração das pessoas que trabalham assiduamente e, da mesma maneira que a sesta gera um ganho de vitalidade, levá-las a trabalhar mais intensamente. Constata-se que em muitos lugares o absenteísmo aumentou ao mesmo tempo em que a duração do trabalho diminuiu, pois os assalariados não têm mais os intervalos de tempo para repouso; as equipes têm mais dificuldade de se constituir e, em geral, esse tempo de trabalho organizado racionalmente, sem *tempo ocioso*, torna-se um tempo mortífero.

É preciso dizer também que a redução do tempo de trabalho foi inventada por tecnocratas que nunca limitaram seus horários, que sempre efetuaram as tarefas interessantes demais para ser deixadas ao pessoal da base, dos quais eles nunca partilharam as condições de trabalho e de vida. A esse respeito, aliás, pode-se remeter ao que diziam os operários de Le Jaby, quando sua usina estava ameaçada de fechamento, aos jornalistas e políticos que lastimavam seu azar: "Sentiremos falta sobretudo de nos encontrarmos todos os dias para poder falar de nossos problemas, de nossa vida, de nossas lembranças e de apoiarmos uns aos outros." Essas realidades não são acessíveis a um raciocínio puramente racionalista alimentado só por números.

Somente se o pensamento autêntico, originado da *vita contemplativa*, estiver enraizado no essencial é que ele poderá concentrar, condensar e amplificar os elementos anódinos da vida corrente e dar-lhes o significado real que é o seu, qual seja, o de servir de terreno fértil ao *viver-junto*. É preciso falar aqui o que Stendhal chamava, em relação ao amor, de *cristalização*. O que é certo, contra esses livretos de circunstância, rapidamente escritos e lidos, folículos que se misturam e são levados sem perdão pelo vento, é que uma obra digna deste nome e enraizada na *inquietude* popular participará, à sua maneira, da edificação do templo do saber, onde outros poderão se abrigar, refugiar e alimentar. Isso é a resistência do pensamento audacioso que na exigência e na fidelidade pronuncia seu *non possumus*. Não podemos nos calar, não podemos nos curvar ao conformismo dominante e não aceitamos a segurança dos pensamentos sem consistência e fracos. O pensamento autêntico é pensado para algo que o ultrapasse, pois ele é apenas o porta-voz da sabedoria imemorial dos povos e coloca sua honra na fidelidade ao que se dá a ver e a viver, ao que é o *estar bem*, o *ser mais*, a partir do que se elaboram os valores societais.

É por estar enraizado na vida sem qualidade e, no entanto, plena de verdadeiro significado, que o pensamento, além disso, pode permitir que se estendam em seu próprio ritmo a ação pública e o modo (midiático) de nos darmos conta disso. Assim, ao desprezar plagiários e oportunistas, que são inumeráveis no mundo acadêmico, é suficiente, constantemente, abrir novos horizontes, semear ideias que serão germens de muitas outras, fornecer imagens, "inventar" (trazer à tona) assuntos e fazer tudo isso com estilo, e é o que restará, é o que fecundará. Não ser mais mestres arrogantes que pensam e peões que defendem as áreas influentes teóricas, não se contentar mais em ensinar (coisa, além de tudo, facílima), mas sim contar o que é o início de qualquer conduta iniciática.

Isso é a pureza do audacioso e autêntico pensamento. Escrevo essas linhas lendo, nas alturas alpinas, esta carta de Martin Heidegger a Hanna Arendt[52]: "É uma meditação magnífica, aventurar-se entre os pinheiros [...]. Conheço cada trilha da floresta, assim como cada pequena fonte, a menor passagem de cabras ou o menor esconderijo de um galo das urzes. Em tal meio, o trabalho toma uma consistência diferente daquela de quando se evolui entre querelas e intrigas do corpo docente"; um verdadeiro programa! É o afastamento em relação ao que é subalterno, mas que absorve muita energia, das mais fecundas e eu diria, retomando uma bela ideia da teologia católica, que se trata aqui de um "*opus suregationis*", de uma obra que atribui um *mais ser*. Um pensamento autêntico não tem que ter uma *eficácia* direta, sua *eficácia* é adiada, mas nem por isso menos real. É um desafio que merece ser tentado!

---

[52] Carta de 23 de agosto de 1925.

IV
A ópera bufa do político

"Acima da realidade,
existe a possibilidade."
Martin Heidegger

Ao se apoiar em pensamentos curtos, baseados na urgência e no escrúpulo de servir, o político não age com discernimento, pelo que paga, rapidamente, um preço elevado. A desconsideração da palavra pública, o fato de que ela interessa apenas a alguns "anormais", e, mais grave, o fenômeno de abstenção, que adquire uma amplitude cada vez maior, são expressões da saturação do ideal democrático no qual a modernidade se apoia. Já o dissemos, por trás de Alexandre, o Grande, havia Aristóteles. Tudo é símbolo; mas este o é, particularmente, ao falar de como sublinha a imperiosa necessidade para a ação pública de se ligar a um pensamento autêntico. Para fazer isso, deve cultivar a reflexão e a sabedoria, que geram a solidão, a fim de marcar a importância do que não é aparante, ou seja, apreciar a permanência das coisas no que parece insignificante. Georg Simmel propôs para tal a bela imagem do "rei clandestino", aquele que tem um *poderio* bem mais forte e muito mais durável que o *poder*, bem mais fraco e de curta duração.

A realidade (econômica, política, social) é sem consistência se esquecermos o Real, cheio dos possíveis sobre os quais ela se apoia. Os grandes políticos, que eram, antes de tudo, sonhadores e místicos, não se enganaram quanto a isso. É na origem da árvore do conhecimento que o político encontra sua dignidade. Na ausência de algo melhor, acaba desaguando na famosa politicagem, objeto do riso e do desprezo geral. Precisa saber pegar o "espírito-princípio", a "ideia-força"[53] própria de cada época histórica, o agente escondido que dá vida e movimento. A esse propósito, Chateaubriand lembra que não se pode sufocar a "eletricidade social" que move o povo. Acrescento: "É preciso, então, se decidir a viver com ela, como se vive com a máquina a vapor, e é preciso aprender a se servir dela".[54]

Basta mudar algumas palavras e acrescenta: Twitter, blogs, redes sociais, internet, etc., para enfatizar a atualidade dessa "eletricidade" que, mesmo com uma forma imaterial, não deixa de ser terrivelmente eficaz. Pois ser político é o fato de, simplesmente, habitar com outros em um dado lugar que serve de elo. O elo é uma terra natal, ou de acolhida, que tem um estilo específico, um odor, um céu onde se reflete, em suma, uma biosfera a partir da qual pode crescer um *estar-junto*. Eu chamei isso de

---

[53] Alfred Fouillée.

[54] Chateaubriand, *Mémoires*, XXXI, 8.

enraizamento dinâmico, um oximoro que destaca o entrecruzamento do tempo e do espaço a partir do qual se constitui a comunidade de destino. Ainda é necessário demarcar as características dessa comunidade, num dado momento, que é a arte do político. É nela que ele está em harmonia com sua época e, portanto, pode representá-la de uma maneira, ao mesmo tempo, pertinente e prospectiva.

O problema é que um ciclo está se acabando e a crise, da qual ouvimos falar constantemente, é a manifestação final. Aquilo sobre o que se apoiava o ideal democrático moderno pode se resumido do modo mais simples possível, ou seja, a partir de uma representação filosófica que legitimava uma representação política. Assim, tal político expunha um programa racional e obtinha seu voto pela validade desse programa após ter convencido o eleitor, de modo que só a razão era solicitada. O famoso contrato social elaborado imediatamente depois da filosofia das Luzes ou, ainda, o ideal democrático que se formou ao longo do século XIX eram a causa e a consequência da representação filosófico-política da modernidade.

Há mudança na transfiguração do político e isso acontece velozmente sob nossos olhos; é o racional que cede lugar ao emocional. O contrato de longa duração transforma-se em pacto efêmero contra o que é habitual; contra o que lhe foi instilado nas escolas, que era a base do comércio (Sciences Po[55], ENA[56], ENS[57] da Rua Ulm, em Paris, e outras

---

[55] N.T. Instituto de Estudos Políticos de Paris.

[56] N.T. Escola Nacional de Administração.

[57] N.T. Escola Normal Superior.

grandes escolas de obediência jacobina), o político deve fazer com que participem de uma *visão* comum e menos demonstrar ou explicar um *projeto* longínquo. Com a ajuda dos meios de comunicação interativos, o foco deve ser colocado na reversibilidade, no *feedback*, na participação, em coisas que privilegiem a empatia, forma contemporânea da "eletricidade social" que, para o melhor e para o pior, movimenta as efervescências que agitam o corpo social em todas as áreas. O viral e a contaminação estão na moda: um político que mostra um saber exterior, dominante e algo abstrato, está defasado. É ao reencontrar a maiêutica platônica ou o procedimento das tradições iniciáticas que poderá e saberá revelar as extensões profundas e imanentes próprias ao *viver-junto* contemporâneo.

Pode-se, aliás, constatar uma mudança de atitude em certos políticos, cães farejadores, mostrando que se agarram intuitivamente à necessidade de estar, segundo a expressão consagrada, "em harmonia com as bases". O porta a porta eleitoral, que consiste em visitar pessoas, bruscamente, ao estilo dos missionários, das testemunhas de Jeová, foi amplamente utilizado durante a última campanha presidencial na França pelos militantes dos diversos partidos em disputa. Estudos mostraram que uma em quinze pessoas, assim contatadas, mudou sua decisão de voto após tal encontro, contra uma em cem ou em mil após receber um panfleto. As reuniões em casas, ou seja, por afinidades eletivas de vizinhança, substituíram as dos pátios de escolas.

Sim, é preciso levar a sério a mudança de paradigma que acontece atualmente. O que era, em seu momento fundador, carregado de sentido, torna-se agora totalmente *insensato*, como é o caso para a política, que se tornou uma antífrase, pois não designa mais o "habitar comum", tornando-se a casca, a palavra; a amêndoa não está mais ali. Embora isso seja comum na classe política, aqueles que não se dispõem a aceitar esse estado das coisas viram poltrões que, apoiados em suas certezas, são incapazes de ver que um modelo antes tão performático quanto esse da organização social não está mais de acordo com o espírito do tempo. É o que acontece ao "modelo francês" da verticalidade jacobina que, em sua própria abstração, não pode pegar o elemento telúrico fundamental de *aprendizagem recíproca,* de um saber sempre em movimento; uma maneira de ser que favorece o hedonismo do presente e, como falei diversas vezes, o fato de viver em constante interação com o outro. As efervescências de todas as ordens, inclusive as costumeiras greves, as manifestações, os eventos e outras expressões de exasperação, são provas disso. A política está, cada vez mais, contaminada pelo festivo, pelo lúdico. O retorno dos afetos na esfera pública é o indício mais nítido de que não se pode mais cortar o ser social em fatias. É exatamente essa *inteireza* que escapa singularmente do racionalismo da classe política.

A dicotomia razão/paixão, espírito/vida, não mais é possível. O que tende a prevalecer é exatamente um *pensar apaixonado.* Daí a necessidade de pôr em prática um agir da mesma ordem. Mostrei como, naquilo que podia parecer desordenado e até eruptivo, Nicolas Sarkozy foi um presidente pós-moderno. Persisto e assino! A aliança um tanto contra a natureza da extrema-esquerda à extrema-direita passando por um centro fraco e uma social-democracia de outros tempos, por um momento bloqueou, na França, o processo que ele havia iniciado. Mas, enfatizando um ambiente emocional, ao favorecer a horizontalidade do "grande irmão", ao dessacralizar a função, ao mostrar que a cultura clássica podia ser contrabalançada pelas culturas plurais, e por quaisquer maneiras similares, esse presidente atípico, esse "príncipe mestiço" estava perfeitamente em congruência com seu tempo[58]. Observem, aliás, que eu não analisava os traços particulares do caráter de Nicolas Sarkozy, o indivíduo, mas sua capacidade de sentir e de remeter ao ar do tempo a sua intuição, que era, de alguma forma, o medicine man da época.

Vê-se que a normalidade-normatividade dos acólitos da ENA[59] e de seus cúmplices sindicais parece voltar com mais força, mas o movimento de fundo é inevitável, incontestável em todos os países, laboratórios da pós-modernidade, do qual a França, em maior ou menor prazo, não escapará, pois não se poderá mais gerir a coisa pública com a simples razão, dado que os sentidos terão, também, sua parte. Pascal,

---

[58] Remeto as mentes não prevenidas ao meu livro *Sarkologies - Pourquoi tant de haine(s)?* Albin Michel, 2011. Que os que puderem compreender, compreendam!

[59] Há algo de obsceno na exibição repetida dos elos mantidos pelo antigo aluno da ENA, François Hollande, com seus camaradas da promoção Voltaire. Pois sob o abrigo de normalidade/banalidade, trata-se, nem mais nem menos, de uma rede de relações de pessoas bem nascidas "empurrando-se" uns aos outros e aproveitando-se da proximidade com o presidente da República! Desde então, falar de *normalidade* quando se frui de tal privilégio, acontecido justamente por ter, em determinado momento de sua vida, tido sucesso em um concurso, aparenta ser uma impostura.

um tanto contra a corrente de seu tempo, havia pressentido tal inteireza quando declarou: "[...] é sobre esses conhecimentos do coração e do instinto que a razão deve se apoiar e fundar todo seu discurso". Essa *razão sensível* caracteriza bem a atmosfera mental do momento; a política não poderá ignorá-la, pois correrá o risco de se separar, inteiramente, da evolução geral do momento.

Talvez fosse melhor falar da "revolução" induzida pela época, em seu sentido etimológico, "*revolvere*", como acentuar o que volta. Uma volta ao início, contra o simples progressismo, porque a progressividade das coisas implica na importância da tradição e no enraizamento dos usos e costumes comunitários que pensávamos ter ultrapassado. Foi ao estigmatizar, tolamente, sob a influência de alguns de seus conselheiros republicanos, o "comunitarismo" que o presidente Sarkozy fracassou, perto do fim. Nessa mesma ordem de ideias, foi a nostalgia do "valor trabalho" que lhe fez perder de vista a mudança societal que, em outros aspectos, ele compartilhava.

Quando falo do fim do "valor trabalho", retrucam-me sempre que a ausência de emprego é a chaga contemporânea; concordo. Longe de mim a ideia de pensar que viver com um salário mínimo social seja uma sorte invejável. Mesmo se, aliás, alguns se viram melhor do que podem imaginar os que dispõem da mesma soma a cada dia. O que quero mostrar, quando falo do fim do "valor trabalho", é a mudança de ritmo societal, como a vida cotidiana não é mais inteiramente voltada para a produção e as atividades domésticas não são mais sentidas como a pura reprodução da força de trabalho, assim como as identidades individuais não são mais determinadas pelo status socioprofissional. O que movimenta as jovens gerações não é tanto a carreira, nem mesmo o salário, quanto o ambiente de trabalho, a possibilidade de participar de uma aventura coletiva, enfim, a criatividade comum. Isso é o fim do "valor trabalho", o fim também do "valor assistência", que trata de reciprocidade, de compartilhamento.

A revolução societal atual é simplesmente o deslize de uma ordem racional para uma ordem emocional, o que implica saber tomar *tudo* como assunto, mesmo o que tiver reputação de ser mais frívolo. Pegar tudo permite enunciar *o tudo* da existência, o que chamo de sua inteireza, o poderio obscuro da vida, a interação de todos os sentidos e os sentidos de todos.

Assim, antes de se deixar engessar pelo intelecto ou paralisar pelo cérebro, o que é próprio dos tecnocratas de todos os tipos, é preciso voltar (retorno a montante) ao bom sentido. Retornar à proxemia, ou seja, à origem de qualquer *viver-junto*. A normalidade normativa só pode vir depois do fato, visto que a lei segue os costumes e deve se adaptar a eles. A legalização é, nesse sentido, tributária da existência e só deve advir *a posteriori*. Tal compreensão das coisas é o que caracteriza o gênio político; faz falta aos que consideram que se pode "gerenciar" os povos como uma fábrica da Ford, ou seja, aplicar neles, abstraindo-se dos afetos, algumas regras racionais, assim como Taylor havia proposto em seu tempo.

A recente lei, na França, sobre o casamento para todos é um exemplo que merece reflexão. Foucault havia mostrado bem que a sexualidade tornou-se a coisa menos escondida do mundo e pode-se mesmo dizer, alterando um pouco o antigo adágio, "paixão declarada é totalmente perdoada". É assim que acontece dentro do espírito de nossa época, com o divórcio e o fato de casar novamente, à vontade, mais do que viver junto os sobressaltos da vida, as escapadas solitárias e os encontros apaixonados de um velho casal. Quando sentimos o desejo de experimentar outras práticas que as da clássica heterossexualidade monogâmica, é de bom tom se identificar.

Dois tipos de comportamento são designados como anômicos: os das diversas minorias que não podem satisfazer as regras jurídicas, que não lhes são adaptadas (por exemplo, os homossexuais), e os que não se conformam com as regras impostas pela instituição, em especial, a do casamento. Em consequência, empreender a normalização perseguirá dois objetivos apenas aparentemente contraditórios, fazer entrar no molde institucional os comportamentos marginais já bem catalogados, o casal homossexual que poderá se casar, e perseguir, especialmente nos grandes deste mundo, todos os desvios de conduta feitos à moral conjugal e particularmente à infidelidade. Nesses dois caminhos, o debate é deslocado, pois o que estará em jogo é sempre um interesse superior, o das crianças, no caso do casal homossexual, e o direito à informação política na inflação jornalística dos diversos fatos que dizem respeito à sexualidade dos políticos.

A discussão sobre a homossexualidade deveria se concentrar na questão de saber se uma relação de amor pode durar sem uma institucionalização, sem um reconhecimento social, uma sujeição (uma responsabilidade) comum (crianças), um projeto comum e reconhecido (um patrimônio) e, a partir daí, interpretar os questionamentos que se referem a todos os membros da sociedade, mas esse debate está fixado na questão das crianças, com a dúvida se os homossexuais podem ser bons pais. O elo do casamento, seja ele heterossexual ou homossexual, não infere magicamente a qualidade de bons pais; ao contrário, podemos nos perguntar se a vontade de estender o casamento aos homossexuais não resulta principalmente de uma vontade totalitária de colocar todas as relações sexuais e amorosas num modelo de casal monogâmico. Este empreendimento de normalização pode, também, ser lido de acordo com a tendência cada vez mais forte das mídias em perseguir todos os desvios à sexualidade monogâmica quando se trata de homens e mulheres politicamente conhecidos. É certo que essa ideologia da transparência mostra, simplesmente, a estratégia comercial de jornalistas, que são bem mais espertos que os *paparazzi*, ao apresentar as picantes histórias de alcova sob as cores da investigação política.

Mas, nos dois casos, o da extensão do casamento e o da vontade de mostrar o que se passa na intimidade dos casais, encontramo-nos diante de uma tentativa de enquadrar, de domesticar essa "anormalidade" que ressurge sempre, esse mal que tanto se gostaria de esconder; na verdade, não seria isso uma última tentativa de esconder a animalidade de nossa natureza humana, de nossa sexualidade? Pensa-se, talvez, que quando os casais homossexuais estiverem casados eles se conformarão à rígida fidelidade exigida pelo Código Civil? Será a fidelidade conjugal o preço que devem pagar aqueles de quem Roland Barthes dizia que tinham como privilégio o direito de borboletear, pelas aventuras renovadas? Devemos estar atentos a que o "casamento para todos" não se torne um casamento imposto pelo poderio público, um casamento de Estado, e que ele dure o suficiente para poder exercer alguma responsabilidade social e mostrar suas credenciais e fidelidade total. Ou que haja um "divórcio limpo", divórcio explicado às crianças, divórcio bem organizado. Na verdade, durante o casamento nada é permitido, mas antes e após o casamento nada é proibido, inclusive o fato de apresentar às crianças imagens de adultos parentais contraditórias: um "casal" de pais que não mostra mais amor um pelo outro, e nem mesmo uma estima recíproca; um sogro e uma sogra que não devem ser considerados como parentes.

Constrói-se assim uma imagem do casamento e da família totalmente desconectada da verdadeira vida, do cotidiano, da autoridade parental de todos os dias, da proteção e da afeição, do casal confrontado aos riscos da vida, dos encontros, dos altos e baixos, dos ritmos sexuais e emocionais, às vezes, divergentes. O casamento para todos se reduziria assim a ser apenas "*o dia mais lindo de minha vida*", como dizem as garotas das propagandas, ou uma sociedade que construiria suas relações sociais baseada em valores abstratos, em figuras pouco personificadas; um casamento dissolúvel e reiterável à vontade, um masculino e um feminino atribuídos a um único gênero, a normalização e a atribuição de identidade de qualquer prática sexual fora do casal; o desejo de saber tudo e a incapacidade de preservar ou compreender a intimidade; uma sociedade assim só cria uma inflação de comportamentos perversos e, mesmo, violentos. Pois querer forçar cada um a dizer, a proclamar, com quem e em qual posição copula, quais são suas preferências e seus hábitos, mesmo suas fantasias, é expor-se a destruir a frágil barreira entre o imaginário e a realidade, entre a fantasia e a passagem à ação, entre o fato de sentir um desejo e o fato de ceder a ele. Querer contê-lo numa forma predeterminada, mesmo a mais liberal possível, também é empobrecer o campo das possibilidades das relações humanas carnais e emocionais. Se a normalização é a criadora da anormalidade, normatizar é designar a fronteira entre o normal e o patológico, criando o anormal e o patológico. Deveríamos, talvez, mais modestamente, acomodarmo-nos com nossa fraqueza diante das forças do desejo e da paixão, aceitarmos o aspecto escuro e aventureiro do *viver-junto*, limitar suas regras. Preferir, a partir daí, uma ordem interna mais caótica e impura, sem dúvida, mas concreta e coerente, ao invés de uma ordem externa imposta pelo poder da lei e do Estado.

Aceitar-se-á reconhecer que a verdade é tributária de seu tempo? Nosso egocentrismo não torna as coisas fáceis e, no entanto, quando olhamos para a longa duração das histórias humanas, vê-se bem o motivo de um princípio gerador do *viver-junto* ser levado a perder suas forças para deixar lugar a outro *princípio* não menos poderoso. Mas, entrementes, continua-se a fazer uso de palavras, de ideias, de instituições que não estão mais em harmonia com o tempo. Não é por acaso que, "*post festum*", encontram-se palavras e ações congruentes com o que é vivido. Para descrever esses momentos de vacuidade, pode-se retomar a fórmula de Mallarmé: uma "moeda usada", moeda que, em certos momentos, passa de mão em mão, no absoluto silêncio do pensamento. Talvez seja esse o discurso estereotipado. Imita-se o que foi, num momento fundador, mas que, ao não ter mais o dinamismo da juventude, engordou e ficou com a gordura ruim, como os famosos valores republicanos. Não se sabe mais o que são, mas sabe-se que o que eles, supostamente, representam é cantado em prosa e verso até não poder mais. Tornaram-se uma ideologia, ou seja, o *republicanismo* que permite estigmatizar o que não entra mais em seu molde um tanto quanto decrépito.

Aconteceu da mesma forma com a laicidade, uma especificidade dos que não eram clérigos, como nos mosteiros, os irmãos "laicos", mas esse caráter laico tornou-se laicismo e o espírito padre se sobrepôs. Ele não é mais fanático do que os que defendem, com unhas e dentes, a não intrusão dos religiosos na esfera pública. Eles se proclamam livres pensadores e, como dizia ironicamente Nietzsche, nem são livres nem pensadores! Espírito sujeito a um preconceito ideológico; a maioria, já mais idosa, emprega o tempo de sua aposentadoria em combates de retaguarda de duvidosa utilidade. Acontece o mesmo com os novos contratos sociais que, aqui e ali, distinguem-se nos discursos de comícios ou em debates de televisão, no decurso dos quais os protagonistas, de qualquer dos campos, tentam provar que são decididamente "modernos"; é exatamente aí que a coisa pega. Ao se reivindicar como tais, eles não se dão conta de que estão uma guerra atrasados e que seus argumentos cheiram a século XIX, século certamente fascinante, mas, decididamente, obsoleto.

Em certos momentos, as "formas" são formadoras, em outras palavras, elas determinam o que é e permitem existir como pontos de encontro onde a vida social se elabora. Desse modo, ao longo do século XIX, com atrasos e retornos, de maneira dificultosa, a "forma" república permitiu a elaboração de um *estar-junto* específico, o que resultou nas instituições que conhecemos, em que a educação, a saúde e a solidariedade, por exemplo, foram beneficiadas. A própria noção de serviço público é a expressão disso. A esse respeito, o que se convencionou chamar de modelo francês foi moldado nessa forma e contagiou amplamente inúmeros países pelo mundo que estavam sob sua influência intelectual. Mas, quando ela deixa de ser coerente com o espírito do tempo, uma forma tende a se transformar em fórmula, ou seja, um saco onde se meterá algumas velharias que não ousamos jogar fora, mas com as quais não sabemos o que fazer, visto que a fórmula atrapalha e nada tem de dinâmica. É a expressão das almas de vencidos que sofrem por uma incoercível pusilanimidade diante do que está para acontecer e assim, em relação ao que acaba de ser dito, sentem a incapacidade de reconhecer e de acompanhar a emergência das tribos pós-modernas e sentem também medo diante do dinamismo das solidariedades de proximidade. Sentem, ainda, temor diante do retorno, com a ajuda da internet, da "forma" iniciação, que faz parecer antiquada a "fórmula" de educação nacional. São muitos os exemplos.

O *republicanismo* não sabe identificar a emergência de um mosaico societal com suas características próprias exprimindo o dinamismo das almas de vencedores! De tanto falar de evolução social, os progressistas tornaram-se retrógrados e se fecham em uma "linha Maginot", cuja história mostrou extraordinária eficácia! A propósito do homem soviético, cujos méritos foram exaltados por inúmeros intelectuais (e não dos menores) ou políticos, Arthur Koestles falava, com precisão, de um *"Neandertal industrializado"*.

No alvo. Podemos nos perguntar se os que trabalham no serviço público, que engloba áreas fora da sua competência, poderiam ser qualificados da mesma maneira. Acontece o mesmo com o Estado-Providência e com seus inumeráveis servidores, que apoiam uma maquinaria autossuficiente cuja função é mais a reprodução dela mesma do que o serviço. O mito de Cronos, que se alimenta de seus próprios filhos, é um fenômeno recorrente, pois, ao devorar o que ele gera, destrói o que poderia ser criativo. Um exemplo edificante nos foi fornecido pela recente proposição do ministro Vincent Peillon, a de organizar o tempo das crianças; ao constatar com discernimento um desequilíbrio dos ritmos escolares, foi proposta uma reforma a partir dos altos escalões, que impunha a todos, de maneira abstrata e sem detalhes, tanto em Paris como no lugar mais distante do departamento da Creuse[60], horários idênticos; essa organização do tempo resultou num enorme fracasso para a melhoria do bem-estar das crianças e da harmonia das comunidades escolares locais com seus interesses completamente divergentes. Efeito perverso programado pela arrogância de querer fazer bem? Nisso reside provavelmente o verdadeiro assédio em nome do Bem.

É o que os políticos não ousam dizer, pois o teoricamente correto lhes proíbe. Falta-lhes a coragem das elites dos períodos decadentes. Elas jogam de quem será a vez de ser o mais republicano, o mais democrata, o mais social. "Tu me pegas, eu te pego pelo cavanhaque. O primeiro que rir..." Mas o riso será de curta duração. Enquanto não aparece outra elite em harmonia com seu tempo, seus políticos do momento continuam a cultuar a *deusa* Razão, causa e efeito desse

---

[60] N.T. Localizada na região de Limousin.

social que reduz o *estar-junto* ao simples parâmetro racional. Como se sabe, um verdadeiro cortesão deve ser sem honra e sem humor; quanto à honra, nada sei, mas não ter humor é arriscar-se a ser contraprodutivo num momento em que os afetos reencontram uma força e um vigor inegáveis. É urgente, ao deixar de ser cortesão de uma forma social em desuso, que a política saiba entrar em empatia com a expressão de todos seus humores, ou seja, no sentido efetivo, de todas suas secreções originadas do corpo social, o qual, não sendo mais uma simples metáfora para uso de sociólogos decrépitos, é a expressão da inteireza do ser pessoal e coletivo.

A Utopia pôde ser maiúscula. A modernidade alimentou-se dela. O ideal progressista de uma sociedade perfeita, forma política da Cidade de Deus cristã, é de origem messiânica. Acontece o mesmo com o Estado-Providência, que democratiza a caridade divina. O funcionalismo, sob esta ótica, atua no papel da *burocracia celeste* que, regularmente, se coloca a serviço dos povos para cumprir esse louvável, mas um tanto ilusório, desejo de perfeição. Mas tudo passa, tudo quebra, tudo cansa[61]. Em consequência, mais do que com uma *perfeição* antiga, os povos se contentam com uma *completude* próxima, com uma vida bem ou mal vivida com outros num dado lugar. A utopia não desaparece, toma outra forma. Albert Camus fala de "utopias relativas". Isso traduz bem a bricolagem existencial, o fato de se ajustar, de se adaptar a essa dura *necessidade* que é a parte da natureza humana. Os gregos haviam feito de *Anankè* (necessidade) uma deusa temível com a qual era conveniente negociar. Existe nesse ajustamento à necessidade algo que remete

---

[61] N.T. Jogo de palavras: *tout passe, tout casse, tout lasse.*

ao sentimento trágico da existência, ao que não falta grandeza. Deve ser porque isso forma almas fortes e apoia a maneira de ser do corpo social, pois a utopia "relativa" dá novamente à vida cotidiana uma inegável nobreza; e essa também enfatiza a "relação". Essa relação interpessoal que une e que restaura a confiança é o desafio lançado pela sociedade do homem sem qualidade aos diversos protagonistas da ação pública, em particular, aos políticos.

Já repeti inúmeras vezes, nossa época, da pós-modernidade, não apoia mais o *viver-junto* do contrato social, ou seja, a soma de um indivíduo racional com outro indivíduo racional, por meio da instituição estatal. Estar ligado aos outros não é mais levar com eles um projeto para o futuro pelo qual militamos, futuro esse só podendo ser melhor que o presente; ao contrário, a relação interpessoal pós-moderna é um elo imediato, presencial e ancorado neste mundo atual. Eu estou com os outros ou, para retomar a expressão de Rimbaud: "Eu sou outro". Isso num lugar e num dado momento. É essa relação interpessoal que funda a confiança em mim e no outro; confiança em relação, também, ao mundo natural, sendo que não há mais necessidade de um projeto longínquo. É aqui e agora que estou no mundo. Estamos distantes da ideologia da mudança. Esse pálido sucedâneo do mito do incêndio universal ou do dilúvio, que reencontramos desde a epopeia de Gilgamesh até a Bíblia em todas as culturas, ressurge regularmente na história da humanidade humana. É o que acontece também, com Georges Sorel, no mito da greve geral.

A política moderna, como sabemos, essa forma profana da religião cristã, é obcecada pela mudança. Não é certo que esse seja o princípio escondido operando na vida sem qualidade dos povos, nesse lençol freático invisível, que, além ou aquém do simples social, sustenta o chamado *societal*. Certamente há no fundamento de qualquer *estar-junto* uma efervescência geradora, mas não é nem a mudança nem a atitude conservadora que a move. Para dizê-lo por meio de imagens, não é nem a flecha do tempo progressista nem o círculo reacionário. Um termo inglês utilizado pela marinha seria mais justo: *Rhumb*. Designa a área dos ventos, vem do grego *Rhumbos*, ou seja, rotação ou *Rhumbon*, circunvolução em espiral. É o que está no centro da sabedoria dos povos, a aceitação e, mesmo, o desejo da rotação em espiral; em outras palavras, o apetite pelo que vem e pelo que nasce, ou, melhor, renasce, a partir de raízes ancestrais, ou seja, enraizamento dinâmico.

É essa conjunção de coisas opostas que a política moderna não pode e não quer admitir. Poderíamos recorrer a uma observação de Joseph de Maistre: se faltamos com a verdade, é porque "temos um medo mortal de encontrá-la".[62] Sim, medo de sermos obrigados a derrubar nossos dogmas seguros, medo mortal de abandonar o *pensamento conformista dominante*, medo de que, ao não permitir avaliar a força do fogo gerador que anima, constantemente, a existência, não ter como prever os incêndios que acontecem quando esse fogo não está regulado e inflama regularmente o corpo social. O desafio, como se vê, é de bom tamanho, nem sublevação revolucionária, nem mudança reformista, nem *statu quo* mortífero.

---

[62] Joseph de Maistre, *Les soirées de Saint-Pétersbourg*, 2º colóquio, Editora Pélagaud, Lyon, 1850, p. 120.

O que está em jogo na "utopia relativa" popular é, então, uma espécie de ajustamento trágico ao que é; um *saber-viver* que, durante longo tempo, assegurou a permanência da espécie humana. É esse sentimento trágico da existência, sentimento, certamente, mais vivido que pensado, que permite compreender uma ambiguidade ou, talvez, uma ambivalência própria a toda vida coletiva. Ambiguidade/ambivalência fundadora que caracteriza bem esse claro-obscuro de toda existência. Nem cegueira pelas Luzes progressistas nem obscurantismo do bloqueio revolucionário.

Atribui-se a Antônio Gramsci uma fórmula feliz que bem delimita a dupla polaridade que acabamos de ver: "pessimismo da inteligência e otimismo da vontade". São inúmeros os políticos de todos os lados que usaram e abusaram dessa fórmula. Será que compreendiam bem o seu sentido? Homem de ação e de reflexão, Gramsci ilustrou lindamente a expressão "intelectual orgânico". O partido comunista (que o defendeu fracamente e não fez grande coisa para tirá-lo das prisões de Mussolini) deu uma interpretação muito orientada a essa expressão; o próprio partido, organização política das massas, é o intelectual orgânico. Na realidade, ele não é nada. Enraizado na cultura da Sardenha, que era a sua, nosso político-filósofo queria assim interpretar o fato de que só ao estar enraizado numa maneira de ser e de pensar (isso é cultura) é que se pode estar à altura de compreender a dinâmica, a força interna, a rotação em espiral, a partir do capricho dos ventos, essa outra maneira de lembrar a importância das atmosferas mentais, dos imaginários societais.

Assim, "o intelectual orgânico" pode ser comparado ao gênio, que só é o que é por estar enraizado no gênio coletivo. *"Genius"*: "espécie" da qual cada um participa. O gênio não é, como se diz frequentemente, ou como se quer acreditar, poderoso *e* solitário; ele só é poderoso no momento em que exprime o poderio do povo. É assim que, no melhor dos casos, pode-se compreender o gênio político, quando ele diz, em voz alta, o que é vivido, quase sem ruído, pelo povo do qual se origina. É o porta-voz da vida sem qualidade e não poderá ter esta qualidade sem saber se e o quanto ele representará aquela existência.

Para voltar à fórmula de Gramsci, o "pessimismo da inteligência" é exatamente a expressão dessa sabedoria do povo que relativiza a ação do "príncipe". Pode-se estabelecer o percurso dessa desconfiança congênita em relação aos poderes dominantes, pois que todos se parecem, dado que todos fazem a mesma coisa, que todos pertencem ao mesmo meio; em termos mais sofisticados, praticam entre eles uma endogamia estrutural. Isso leva a alguns discursos convencionais, dos quais as discussões nos balcões dos cafés são os modelos do gênero, sobre a crise, sobre os bons velhos tempos e sobre a incapacidade dos detentores atuais do poder de gerir ou regular tudo isso. Inúmeros comentaristas se espantam que o eleitorado popular (como se diz) seja impactado da mesma forma pela exposição de um patrimônio importante bem ou mal adquirido. No entanto, entre esses políticos ricos, alguns não participaram de uma pequena "caça aos ricos" durante a campanha eleitoral? Não preconizam a igualdade esses mesmos que pensam não ser chocante que um alto funcionário de cinquenta anos receba dez vezes mais do que outro da mesma idade que ganha o SMIG[63]? O que mais

---

[63] N.T. SMIG: salário mínimo interprofissional garantido, que é, na França, o primeiro salário mínimo.

choca não é o fato de ganharem tanto dinheiro, mas sim que eles critiquem o dinheiro, logo eles que nunca sentiram falta dele! Não há maior desprezo que essas queixas sem uma real compaixão (sem sofrer junto). Existe algo artificial nesse pessimismo retórico! É assim que Antoine Martinez, ex-comunista que se tornou socialista, prefeito de Bédarieux, pequeno vilarejo perto de minha cidade natal, me dizia que os militantes de sua seção haviam ficado extremamente chocados quando os caciques parisienses vieram lhes explicar que as pessoas não podiam mais encher totalmente os seus carrinhos do supermercado. O famoso modelo social francês é construído sobre a caça sistemática às falhas e às faltas individuais, atribuindo a miséria e as deficiências às pessoas, não creditando nenhuma confiança às suas capacidades. Da mesma forma, de resto, que os professores influenciados pelas análises sobre os herdeiros, enfraquecidos depois de muitas formas, explicam e determinam o fracasso escolar dessas crianças "socialmente e, portanto, culturalmente desfavorecidas".

"Otimismo da vontade"! O que se tem a dizer, senão que, apesar desses discursos morosos, a existência, bem ou mal, continua, e a vida, talvez, não valha nada, mas nada vale a vida. É na abundância que encontraremos críticas dessa ordem, mostrando bem um hedonismo popular irrefutável, pois não se sabe o que acontecerá amanhã, então, precisamos aproveitar o aqui e agora. Isso é o que acontece com a ambiguidade/ambivalência própria da sabedoria dos povos, que se pode traduzir dizendo que o pessimismo lida com as *representações* da vida, e o otimismo com a *apresentação* dela. Trata-se aí de um "ser" profundo, que não saberíamos reduzir às formas mais pontuais e bem mais superficiais que tanto agradam aos políticos sem perspectivas. Superficialidade, em particular, numerada, fazendo com que um humorista classifique os pecados como "*o pecado venial, o pecado mortal e... a estatística*". Com essa mesma finalidade política, Winston Churchill dizia que "*as estatísticas constituem a forma mais elaborada da mentira!*"

O que deveria constituir a preocupação essencial dos políticos não é o ser profundo dos povos? *Rhumb*, os ares dos ventos seguem as rotações em espiral. É preciso que o caminho daquele que está atento à coisa coletiva não tenha necessariamente um objetivo a atingir, mas que saiba, ao menos, manter o seu rumo constante. Somente assim é que a sua voz poderá ser ouvida. Para isso, não basta ostentar uma probidade ou uma relação com a normalidade que tenda a tornar-se normatividade. O comum, com efeito, é o que caracteriza o homem sem qualidades. Isso nada tem a ver com a normopatia, bem ao contrário, pois, não o esqueçamos, o oximoro é certamente a figura retórica mais em harmonia com o espírito do nosso tempo.

Do normal à normopatia, passando pela normatividade, é só um passo. Um presidente normal[64] depende somente da reação dos interlocutores que rodeiam os políticos ou há nisso um sentido mais profundo? Em outras palavras, o presidente normal (ou apenas presidente é outra tentativa de encarnação do homem sem qualidades, do homem comum) está em sintonia com os que ele governa? Se prestamos atenção ao real, sem nos contentarmos com um suposto princípio de realidade, se nos interessamos pelo *ser das coisas* e não pelos seus subalternos acidentes, precisamos reconhecer

---

[64] N.T. François Hollande se apresentou como "normal".

que o homem normal não é a personificação do homem comum. O homem comum é tudo menos normal, pois ele tem medo da norma. Tanto isso é verdade que a vida cotidiana se deixa levar pelas forças inconscientes e incontroláveis; ela é atravessada de ponta a ponta por uma chance ambígua e, para utilizar um termo um tanto quanto gasto da retórica, é o oximoro que a caracteriza. O que move o homem comum é um sentimento trágico da existência. São os eventos e não os indivíduos que agem rapidamente e decidem. Não somos jamais senhores do destino, no máximo, "fazemos de conta", ajustamo-nos, bem ou mal, ao presente, ao que se apresenta.

É nesse sentido que o homem que se reivindica normal não é comum; o que o move, profundamente, é o fantasma da normalidade ou melhor, ainda, da normatividade. Tudo deve estar sob o controle do *Big Brother*. Michel Foucault mostrou muito bem o movimento que, ao designar o anormal, afirmava o poder do normal. Não existe canônico sem anômico. A partir daí, compreende-se a coerência que existe, além das campanhas de opinião, nessa vontade de normalização da função de representação, mas também do funcionamento do poder e, afinal, da existência inteira. A afirmação da normalidade não é, portanto, anedótica. Ela remete também à identificação da anormalidade. É nesse sentido que ela é profundamente contrária ao que constitui o homem e a vida comuns. Mas essa tensão normativa não é congruente com a época. Não está mais na designação de um bem ou de um mal que se oporiam, nem de uma crença em um estado ao qual se confiaria (depois da Igreja) o cuidado de dirigir os costumes e as vidas.

As crenças e os modos de vida são marcados por um completo relativismo, o homem comum não espera do Céu, sagrado ou profano, que ele lhe dite como viver com os outros, é com os outros que ele se determina ou, mesmo, que o determinam. Desde então, o modelo do retorno do Estado, da ideologia do serviço público, não constitui mais a panaceia universal. Certamente nos períodos de mutação é mais frequente exorcizar os medos do que afrontar novos valores. Os especialistas e os diversos comentaristas da atualidade continuam crispados sobre velhos debates (esquerda x direita), soluções esgotadas e explicações simplistas do economicismo.

Foi esse mesmo dogmatismo que resultou na abdicação de qualquer pensamento um pouco original em nome do respeito dos benefícios sociais, dos direitos do homem e da proteção das pessoas vulneráveis. Os fortes falam sempre em nome dos fracos e se prevalecem disso para impor sua visão do mundo, sem esquecer o mundo intelectual no qual a inquisição está sempre renascendo de suas cinzas. Sob múltiplas racionalizações, a sensibilidade irritadiça em ação nesses "comissários" do povo aplica-se em procurar a *falta* intelectual, em denunciar a *incorreção* da conduta, em perseguir os autores malditos e os assuntos tabus, o que conduz à normopatia própria ao "melhor dos mundos" que havíamos nomeado no início desta obra.

Esses políticos são também moralistas augustinianos que, em nome do serviço público, dos valores republicanos, da necessidade do contrato social e de outros pensamentos convencionais sobre a democracia, apoiam uma burocracia celeste, ou seja, burocratas que têm todos os direitos, com as consequências totalitárias que conhecemos. É tempo de as elites saírem de seu *mundinho* e olharem o mundo como ele é, deixando de pensar pelos outros.

Para usar apenas um exemplo, observemos a incapacidade, por medo de um perigo "comunitarista" amplamente imaginado, de saber enxergar as novas formas de solidariedade existentes, incluindo aqui, nos mais pobres, aqueles aos quais se nega até a capacidade de viver de maneira autônoma.

É, no entanto, essa revolução do olhar que sabe demarcar o lugar onde as palavras, as ações e as coisas estão em oportuna concordância que precisamos agora perceber. Em outras palavras, não uma *justiça a priori,* um tanto abstrata e, em todo caso, moralista, mas uma *justeza a posteriori* que permite de se harmonizar, bem ou mal, ao mundo como ele é e aos outros pelo que são. Com as ideias inexpressivas, pode-se, certamente, demonstrar (é a especialidade da tecnocracia reinante da burocracia), mas jamais persuadir; pode-se, por uns tempos, convencer o país a aceitar algumas visões limitadas do século XIX e a ausência de coragem intelectual, mas, realmente, apenas por um tempo, pois a atmosfera mental é voltada à sedução e é preciso, logo, saber fazer alguma coisa válida para o tempo presente e que não corresponda a uma época ultrapassada. O anacronismo tem sempre um odor de mofo e sob o deslumbramento da mudança pressente-se que é o esgotamento de um paradigma que avança mascarado. Em suma, a agonia da modernidade.

Mesmo se da boca para fora e de modo controlado, as pessoas cederam sua voz, elas entendem o que não se fala, farejam as mentiras nas posturas puritanas e pressentem o simulacro sob a afirmação de agir, antes de tudo, com e pela justiça social. Pois, por um saber incorporado, por uma imemorial memória adquirida pela experiência no âmbito da tradição, a sabedoria popular sabe que essa *justiça* é uma isca. Demagogicamente pode-se, periodicamente, agitá-la como um chocalho para crianças turbulentas, mas, com realismo, sabe-se que só a *justeza* importa. Pois, contra uma justiça abstrata, constantemente reivindicada no âmbito de uma lógica do "dever ser", confundindo moral e política, a justeza é o compromisso com os outros, uma adaptação com um lugar e um determinado tempo. Essa é a verdade do momento: somente o verdadeiro é fecundo. Sob diversos nomes, a *senhora caridosa* é uma figura emblemática em todas as sociedades; já foi mostrado de que maneira e como o ressentimento está na sua origem. Falando de modo figurado, lembremo-nos que a secreção da moralina é causa e efeito de tal propensão a querer "fazer o bem" sem levar em conta o aviso daquele ao qual esse bem abstrato se dirige. Trata-se, *de fato*, de uma modulação do poder; eu te protejo, tu te submetes. As mentes agudas sabem que a *libido dominandi* é apenas uma maneira de compensar uma profunda miséria pessoal; essa secreção de moralina está particularmente acentuada em nossos dias. Os livros edificantes e a defesa das causas humanitárias são provas disso; teóricos e autoridades de todos os tipos querem corrigir a miséria do mundo. *Tartufos* fazendo o bem para que se fale deles!

Mas, para ficar no método ideal típico, ou seja, falar apenas de uma caricatura presa entre todos aqueles que mereceriam ser citados, atribuamos o *chapéu do palhaço* a um modelo do gênero: Martin Hirsch. Passando de poder em poder, comendo em todos os piores lugares, ele fez por aí a sua carreira, em comissões, gabinetes, ministérios, etc. Na verdade, é um "alto comissário" da pobreza. O que ele faz, claramente, rentabilizando em dinheiro sua benevolência, transformando-a em um confortável salário de alto funcionário (veremos isso mais adiante) e promovendo por qualquer motivo seus inumeráveis livros que explicam, a quem tiver interesse, como erradicar a pobreza. Richard Hoggart[65], acadêmico que veio de baixo, o que não é frequente no mundo universitário, mostrou bem como os povos sabem usar de astúcia, sabem zombar e até abusar de todos os especialistas titulares do "social". Destacando a diferença que existe entre eles e nós, eles exprimem uma sólida indiferença em relação a sua espetacular e factícia generosidade. Podemos garantir que, depois de todos os outros que tentaram isso, os bons sentimentos de que acabamos de falar e o papel estragado para pagá-los irão reencontrar esse ossuário das realidades onde terminam por apodrecer todas as belas e aparentemente benevolentes teorias da emancipação.

"Nós inventamos a felicidade, dizem os últimos homens, piscando os olhos uns para os outros." Essa observação de Nietzsche poderia ser aplicada a esses políticos e tecnocratas e especialistas que, mamando nas tetas de comissões, subcomissões, concertações e estados gerais, "piscam-se os olhos" propondo a felicidade enquanto que, por trás de sua oferta de serviço, entende-se, sub-repticiamente, o ruído compulsivo de sua autêntica obsessão, o poder pelo poder. Daí, em termos menos grandiloquentes, o desprezo e a ironia que se reserva a eles, ou, ainda, a indiferença que despertam.

---

[65] Richard Hoggart, *La culture du pauvre*, 1957, tradução francesa, Paris, 1970. Repeti a problemática da *astúcia popular* em meu *livro La conquête du présent*, 1979, reed. [*A conquista do presente*, Rio de Janeiro, Rocco, 1984] Em *Après la modernité?*, Editora CNRS.

Quando haverá gênios políticos, no sentido que dei a essa palavra, os que personificam uma coletividade, consolidando suas aspirações profundas? É a partir dessas aptidões que o político, mais do que repetir eternamente as litanias dos valores modernos, saberá enunciar a epopeia pós-moderna que, secretamente, atormenta o corpo social. Então, em sintonia com a atmosfera do momento, poderá lembrar que, acima de uma realidade rebaixada à coisa econômica, há o campo das possibilidades, ou seja, o Real em sua inteireza.

V
Altos funcionários, a tribo das tribos

Independente do que se diga, também somos desta tribo, mesmo que seja de bom tom falar da desconfiança que ela nos inspira. Como muitos, estamos ao mesmo tempo dentro e fora, numa posição, às vezes, esquizofrênica, mas, com frequência, simplesmente deslocada porque, no trabalho, descansamos das solicitações amigáveis, conjugais e familiares; em casa, encontramos uma linguagem e um pensamento mais crus, mais críticos, embora, em alguns momentos, possamos sentir a opressão difusa, a dificuldade de respirar livremente, uma espécie de colar de ferro. Com certeza, não precisamos mais respeitar um dever da obediência[66] nem temer qualquer sanção; a pressão é amigável, mesmo benévola, geralmente um

---

[66] Não falo do dever jurídico de reserva que se impõe parece-me, inclusive a mim, que, no entanto estou aposentada, mas que sei que ninguém respeita; de qualquer modo, reprovaria-me de não o respeitar; sofrer uma punição seria quase impossível.

pouco inquieta de colegas, camaradas, de todos aqueles que não gostaríamos de chocar. Sem contar as tantas vezes em que o que se poderia dizer não é/pode ser ouvido nem entendido, pois vem de algum outro mundo.

Os que pararam de acreditar na necessidade de uma ordem estatal não são tão numerosos entre os funcionários do Estado; nem os que pensam que as reformas e os programas não têm verdadeiramente o poder de mudar o curso das coisas ou de mudar a vida. Da mesma forma, os que admitem que a grande massa tem problemas bem maiores do que o sussurrado em círculos fechados por políticos, jornalistas, funcionários e intelectuais profissionais. É justamente essa divisão entre o ideal esperado, exibido pelos altos funcionários, e o lugar que ocupam, sua função real na sociedade pós-moderna, que traduz o desprezo absoluto que a alta função pública desperta.

Na França, a alta função pública, governantes, chefes de empresas do CAC 40[67], todas essas "pessoas" são parisienses. Basta passear pelo interior no verão com um carro placa 75 para entender esse descontentamento. São pessoas que nos impõem normas alimentares e sanitárias, que instalam radares, que fecham nossos hospitais ou as salas de aula de nossas crianças. A hostilidade provocada pelo votação da lei do casamento para todos prova essa desconfiança. Não somente "eles" não encontraram a solução para a baixa de nosso poder aquisitivo, como aumentaram nossos impostos, deixaram fechar nossas usinas e, ainda mais, talvez seja o mais importante, atacaram os fundamentos de nosso imaginário e destruíram os nossos mitos.

---

[67] N.T. Relativo à Bolsa: Cotação Assistida Contínua.

São uns incapazes!

Uma alta função pública que não tem mais capacidade de dominar os ideais republicanos, embora pretenda defendê-los contra tudo e todos; que não tem mais a capacidade de assumir a direção de um barco, o Estado, que está afundando, tendo a consciência, mas sem poder assumi-la, da necessidade do surgimento de uma regra de *viver-junto* diferente.

I. Um pensamento, um estatuto, uma aparência de casta

O mandato eletivo e a alta função pública personificam na França o serviço público, o serviço da República. O alto funcionário, por acreditar que poderia ter sido médico, juiz, general, engenheiro, tabelião ou banqueiro, considera que sua escolha obedece a um profundo sentimento altruísta. Longe dele a ideia de que escolheu essa carreira porque, além de lhe assegurar uma posição social e econômica importante, garante-lhe uma segurança total de emprego. Ele se vê, então, como homem de dever, devotado ao bem público e, às vezes, como um homem de poder, o que o leva cada vez mais a abraçar uma carreira política. De qualquer modo, o alto funcionário é, segundo ele mesmo, uma viva encarnação da divisa da República: liberdade, igualdade, fraternidade. Não é o que pensa a opinião pública, mas é, em todo caso, o que diz a opinião publicada, para a qual qualquer ataque aos funcionários públicos demonstra o mais baixo populismo.

O medo do pensamento banal

Há duas categorias de altos funcionários: os que possuem uma onça[68] de poder e são submissos a um dever de total obediência; e os que não ocupam um posto na administração operacional e dispõem de total liberdade de ação, de pensamento e de expressão. Liberdade que eles têm dificuldade em usar, pois ela para nas fronteiras dos grandes clichês que formam a doxa:

– o Estado é a garantia da igualdade e da proteção dos cidadãos, a personificação do bem público (os altos funcionários se encarregam de defini-lo);

– a lei é a única maneira de regular as relações sociais, que, sem ela, seriam submetidas à lei das selva; quando eles explicam isso a vocês, lançam-lhes um olhar ameaçador como se vocês fossem o lobo pronto a matar o cordeiro;

– os mais fracos, os mais vulneráveis, devem ser protegidos, inclusive contra eles mesmos, por aqueles cujo dever (e o direito) é definir o bem e o mal;

– qualquer diminuição das competências do Estado é vista como um recuo do poderio público;

– um procedimento vazio e desprovido de qualquer efeito é preferível a uma ausência de procedimento. O vazio, liberdade do que fazer concedida aos atores, autonomia de "campo", é tomado como uma retirada covarde;

– e *last but not least*, é melhor dispor de números falsos que de nenhum.

---

[68] N.T. Entre os antigos romanos, a duodécima parte da libra, o que quer dizer muito pouco.

Seria possível multiplicar essas asserções absurdas:

Mais vale uma decisão errada que nenhuma decisão; mais vale um relatório estúpido do que nenhum; mais vale uma lei injusta do que a ausência de lei; mais vale um texto jurídico cheio de erros do que nenhum texto; finalmente, sem dúvida, mais vale altos funcionários ruins que nenhum alto funcionário!

Imaginem que os seguintes personagens falem desta forma:

– o cozinheiro: mais vale servir um prato de cogumelos venenosos que nenhum cogumelo;

– o médico: mais vale fazer um diagnóstico errôneo que nenhum diagnóstico;

– o professor: mais vale uma aula chata e cheia de erros do que nenhuma aula;

– o aluno: mais vale dizer qualquer coisa do que declarar que não se compreendeu nada;

– o cabeleireiro: mais vale fazer buracos numa cabeleira do que não cortar os cabelos;

– o açougueiro: mais vale cortar a carne com o machado do que não cortá-la, etc.

Como trabalha para o bem comum, em outras palavras, pela defesa "da liberdade e da democracia", o alto funcionário imagina que isso desculpa de antemão qualquer inaptidão e qualquer erro. Um pouco como o médico, o alto funcionário só tem a obrigação dos meios, não a obrigação de resultados. Ele acredita que há uma guerra a travar; pensa em si como um herói da Revolução Francesa, das guerras napoleônicas e da Resistência; como um Napoleão eterno, traz a toda a Europa o vento de liberdade da Revolução, impondo-o até às vastas planícies da Rússia. É assim que defende, apesar de todos os obstáculos, o modelo social francês, mesmo quando ele é injusto, obsoleto ou, no mínimo, defasado. Herdeiros da Revolução Francesa, os altos funcionários são os guardiões do tesouro do templo, ou seja, do programa do Conselho Nacional da Resistência. Revolucionários e Resistentes. Depois da guerra. Pois poucos foram os conselheiros de Estado a pedir demissão para não ter de considerar legal o decreto que retirava a nacionalidade francesa dos judeus; não se soube de revolta dos membros do Tribunal de Contas mesmo quando este publicou, em 1946, o controle das contas do campo de Drancy[69]. Sem falar de todos os prefeitos que não se comportaram como Jean Moulin e de toda essa administração que continuou a funcionar como se nada tivesse acontecido, sem que as elites pensassem em utilizar seus poderes e suas funções para proteger aqueles que, no momento, mais o precisavam.

É de bom tom, na França, criticar (e mais que isso) as posições de toda a geração de escritores e de artistas que não puderam escolher o bom lado sob Vichy (ou não souberam virar o casaco a tempo) e também invalidar suas obras por esse motivo. Seus talentos de artistas os tornavam mais aptos que o comum mortal a compreender a atualidade? Ao inverso, a purificação foi suave para todos os altos funcionários que, por sua formação, suas responsabilidades e sua ação, teriam justamente podido agir nesses acontecimentos com discernimento. Assim, temos, com frequência, a impressão de que, para o alto funcionário, o exercício da liberdade é sentido através da história, e não *in vivo*; a defesa das causas

---

[69] Vi com meus próprios olhos esse relatório, extraído dos arquivos por um jovem auditor, há mais ou menos vinte anos.

passadas dispensa de retomar a questão dos conformismos presentes.

Muitos, que se imaginam livres e críticos, confundem a ação política (políticos de oposição esperando seu retorno ao poder) e a crítica do poder. No entanto, são suficientes algumas semanas de exercício do novo poder para nos darmos conta de que, quase sempre, RGPP ou MAP[70], se pegam os mesmos e se recomeça. Certamente uma nova lei substituirá a anterior, o peso respectivo dos diretores de hospitais e dos médicos será ponderado diferentemente, segundo o acesso mais ou menos fácil deste ou daquele lobby ao ministro; o vocabulário muda; a empresa é, às vezes, um modelo de gestão a serviço do público; às vezes, um modelo de contraponto, o de uma diabólica "rentabilidade" em detrimento ao nobre serviço público; a participação dos usuários os reveste com um halo mais consumista ou mais político; os serviços do Estado são mais ou menos criticados; a ausência "de meios" mais ou menos incriminada. Ao final, a ação pública se reduz sempre à produção de novos textos; e é, de fato, essa pesquisa perturbada do contexto que tranquiliza. Aliás, não se fazem mais leis, mas "grandes leis", pois a lei não define mais as únicas exceções aos grandes princípios do direito, ela desce aos detalhes mais extremos da ação pública. Paradoxalmente, essa inflação legislativa não tem por obje-

---

[70] A Revisão Geral dos Políticos Públicos era a "grande missão" de renovação do serviço público da época de Sarkozy, muito criticado pela oposição, que via nisso uma máquina de guerra contra o serviço público e os funcionários. Isso não o impediu de lançar, acreditando ou não acreditando, o projeto dito de modernização da ação pública, que obedece exatamente aos mesmos objetivos.

tivo orientar a ação pública; ela é, cada vez mais, fascinante, um quadro tranquilizante, uma espécie de objeto transicional; a lei é como um ursinho de pelúcia para funcionários um tanto desorientados. A lei dá a direção de pensamento, mostra o que é de bom tom dizer e acreditar, ou seja, que um dia a pobreza será erradicada; que a igualdade é um estado natural; que a tolerância aos outros, à diferença, à loucura, à deficiência deve ir até não se ver mais essas diferenças, a não mais nomeá-las e a não mais levá-las em conta.

A lei fixa o que é correto pensar e dizer, que é uma espécie de sociedade perfeita, homogênea e vazia, em que qualquer ação humana, qualquer imaginário humano, se reduzirá à negação do mal. A lei vai suprimir a prostituição (mas sem proibi-la), vai proteger a liberdade dos loucos que são internados sem seu consentimento, aliás, ela nega as realidades de nossa pobre natureza humana. A lei e seus avatares, que são os subtextos, os decretos, os decretos judiciários, as circulares que interpretam a interpretação, que prescrevem o que se deve fazer e pensar em cada detalhe da vida, que perseguem a vida para reduzi-la a categorias acessíveis à burocracia, tomam o lugar da ação pública. A lei constrói um Estado fictício que tranquiliza sufocando, cujos instrumentos de poder só servem para afirmar sua existência.

Talvez a propensão dos altos funcionários a defender, com unhas e dentes, o Estado e seus avatares, os textos e seus subprodutos, os funcionários e seus estatutos seja apenas, depois de tudo, uma frágil muralha contra o vazio. O rei-Estado está nu, mas a floresta, refolhada com as leis e regulamentos da República, esconde a sua nudez e a sua impotência. Ao mesmo tempo, essa avalanche de textos e de prescrições, esses labirintos de procedimentos, de atestados e normas, de autorizações e controles, de avaliações internas e avaliações externas, esse turbilhão de formalidades, tudo isso sinaliza a paralisia mórbida do doente.

O dever do alto funcionário deveria ser o de recusar essa produção inflacionária de textos, de medidas, de dispositivos. Mas isso seria confessar a impotência do aparelho do Estado em produzir "grandes reformas". Seria preciso reencontrar um contato com a vida, que é feita com avanços ínfimos, com soluções mal-estruturadas, com experiências locais renovadas e, com frequência, pouco generalizadas. Mas o que seria de seu papel heroico?

A liberdade de pensamento do alto funcionário deveria ser a aceitação de sua incapacidade em fazer o bem de todos, em determinar o interesse geral, em personificar o Estado e a coisa pública. Aceitar o fato de ser pouca coisa e reassumir um pensamento banal. Nos dois sentidos do termo, pensamento não heroico, pensamento não elitista, pensamento comum.

Um alto funcionário

No entanto, em um país tão ligado à definição jurídica das categorias sociais, um país que comporta três funções públicas (de Estado, territorial e hospitalar), em que cada qual se divide em centenas de órgãos, não existe uma definição do alto funcionário, como não existe, aliás, definição de gestor[71].

---

[71] Para o engenheiro-chefe, o gestor começa no engenheiro, para o contramestre, ele é o primeiro escalão da gestão; talvez o operário de base veja o chefe da equipe como gestor.

Então, tentemos algumas:

– O alto funcionário é aquele cujo "ápice se situa conforme uma escala de letras". Não compreende? Significa que ganha no final da carreira mais que os outros funcionários. O homem da rua não pode compreender o seu contracheque porque seu grau (o nível de sua remuneração) é expresso em letras, e não em números de pontos que se poderia multiplicar pelo "valor de cada ponto". Na França, é de bom tom atacar os patrões que ganham demais, mas muito malvisto tornar públicas as remunerações dos altos funcionários.

– O alto funcionário pertence a um órgão que o recruta essencialmente ao final de uma grande escola de serviço público. Alguns gostariam de reservar o título a um órgão que se recruta na saída da ENA, Escola Nacional de Administração, mas outros querem mesmo é acrescentar a Politécnica ou a Escola Normal Superior e, mesmo, a Escola Nacional da Estatística e dos Estudos Econômicos, a Escola dos Altos Estudos em Saúde Pública, o Instituto Nacional de Estudos Territoriais. Em todos esses casos, a dificuldade da seleção de entrada em uma dessas escolas[72] define o nível máximo no plano de carreira dos funcionários do órgão que tira daí as suas tropas.

---

[72] A ligação francesa ao modelo das "escolas de serviço público" é incontestável: apesar de o modelo ter sido sacudido, especialmente pela integração europeia, a qual obriga que todas as profissões formadas nessas escolas devam acolher todos os Europeus que se tenham beneficiado de formações universitárias equivalentes (e sem concurso, pois que ele existe para a escola e não para a profissão), a nostalgia dos tomadores de decisão de hoje em dia impede qualquer reforma construtiva. Ver os relatórios IGAS sobre o EHESP, de 2010, *Bilan et perspectives do EHESP*, de Christophe Lannelongue, Hélène Strohl. Disponível on-line.

– O alto funcionário pertence a um órgão ao qual ele tenta impedir o acesso de todos os que gostariam de nele penetrar à força[73]. Pode-se ver assim antigos e brilhantes alunos da ENA constatarem, tristemente, que "*seu órgão se desvaloriza*" ao admitir, no meio do caminho de suas vidas profissionais, funcionários que mostraram em postos importantes suas competências, mas que não tiveram "*sucesso no concurso*", como eles, vinte anos antes. A humildade dessas pessoas de idade madura, que batem na porta de um órgão mais prestigioso que o seu, não deixa, no entanto, de espantar. Eles aceitam, assim, se confrontar com uma comissão de seleção, composta de colegas ou futuros colegas, que emitirão um julgamento definitivo sobre suas aptidões a partir de uma exposição de vinte minutos, uma duplicação ao infinito do famoso grande exame oral. Vi um colega, de quem gosto muito, mais velho que eu, atingido por uma espécie de coceira nervosa enquanto esperava para passar diante desse júri que, é verdade, tinha um militante sindicalista notoriamente hostil a qualquer admissão no "seu órgão" de quem não tivesse sido um ex-aluno da ENA. A função pública diz que não defende interesses corporativistas, mas o bem público. Paradoxalmente, ela pensa que é legítimo "*conservar um alto nível de recrutamento interno*", pois isso, bem mais que a qualidade do trabalho, garante o seu renome.

---

[73] Regularmente, nossos governantes se dizem "democráticos" e "abrem" o recrutamento nesses órgãos para outros funcionários na metade da carreira. Aliás, talvez eles se achem, antes de tudo, pragmáticos, e sabem que a experiência é melhor formadora que as provas acadêmicas dos concursos!

– O alto funcionário deve, antes de tudo, ser leal ao seu próprio órgão[74]. Uma vez defendida a identidade da tribo dos antigos (alunos), é preciso se dedicar à valorização de sua subtribo. Com efeito, a identidade profissional se define pelo território de intervenção do órgão, e não pelas competências ou por uma função concreta. Cada órgão age sobre um território e, então, cada órgão defende seu território. Vocês acham que é suficiente assegurar que a gestão da coisa pública seja bem feita e bem controlada? Puro engano, o que importa é o estatuto daquele que gere e que controla.

O mesmo se dá com o combate que acontece entre as inspeções gerais sobre quem deve controlar a política do emprego. Será a Inspeção Geral das Finanças competente para controlar qualquer utilização de fundos públicos ou o Tribunal de Contas ou, quem sabe, a Inspeção Geral da Administração, quando se trata de competências geradas no nível dos prefeitos ou das regiões, ou, talvez, a Inspeção Geral das relações sociais? Tudo o que é sanitário, social, médico-social, trabalho, emprego, formação, pertence-lhe; somente ela é destinada a proteger os pobres e os doentes; apenas seus membros são altruístas! Todos esses órgãos concorrentes vão, contudo, unir-se contra qualquer intrusão exterior em sua área de influência. Desse modo, os órgãos de controle se armam contra o recurso às inspeções de nível menor e ainda

---

[74] Ao final de sua escolaridade na ENA, os jovens funcionários integram diferentes órgãos, os grandes (Inspeção das Finanças, Conselho de Estado, Tribunal de Contas), os órgãos de controle, as jurisdições e os órgãos administrativos dos diferentes ministérios. Depois disso, é muito difícil "trocar de órgão" (sic), por serem as vantagens ligadas a cada um muito diferentes. Por isso a importância da famosa "classificação de saída".

mais contra os consultores privados. No aparelho de Estado cada órgão deve ser senhor de seu território e todos os órgãos de Estado reunidos devem defender o território público, que é de interesse geral. O alto funcionário é aquele que sabe o que é de interesse geral; ele o sabe por todos os outros.

As qualidades para ter êxito nos concursos

O princípio do concurso é considerado na França como a garantia contra o nepotismo e a "indicação"; é a segurança do recrutamento dos mais talentosos e dos mais trabalhadores. É verdade que a preparação para um concurso requer uma dose importante de trabalho; e é verdade, também, que os monopólios dos grandes concursos para o recrutamento na alta função pública atraem para ela os melhores alunos. O concurso, então, tem várias vantagens e, especialmente, a de colocar em igualdade (uma imitação de igualdade) alunos de todos os meios sociais, mesmo se as análises sobre a nobreza de Estado demonstram que o autor conhecia bem os caminhos da excelência. Ao contrário, o que também é certo é que, em grande parte, as qualidades que permitem ter sucesso nesses concursos não são de maneira alguma aquelas requisitadas para administrar a sociedade atual.

As provas de concurso são de pequena duração (no máximo seis horas), durante as quais é preciso fazer como se o aluno tratasse sozinho de um assunto essencial, com uma escolha de conhecimentos ou de informações extensa, mas sintética. Enfim, o futuro alto funcionário deve demonstrar sua aptidão a produzir, em um tempo restrito, uma análise orientada para a resolução de um problema de interesse nacional. Seu nível de análise, quaisquer que sejam suas qualidades intelectuais e seus conhecimentos, raramente ultrapassará o nível de um manual ou de um jornal cotidiano generalista. A forma necessária na nota produzida implica, no entanto, a escolha de uma solução (sem poder esperar) categórica (sem poder experimentar e depois voltar atrás na decisão).

O futuro alto funcionário deve, então, possuir qualidades de síntese, em detrimento da intuição; pensar rapidamente, em detrimento de pensar bem; e simplificar os dados do problema, mesmo entrevendo a sua complexidade. Jogado desde sua mais tenra infância em um processo de concorrência contínua com seus camaradas, ele raramente desenvolverá, pelo menos antes de integrar-se em uma carreira, um espírito coletivo. Individualista, rápido, sintético, racionalista, essas qualidades foram a base do modelo republicano francês. Estarão ainda adequadas à sociedade pósmoderna? Esta sociedade requer, com efeito, que as escolhas sejam amadurecidas; as soluções, evolutivas e adaptadas aos equilíbrios complexos; as análises, fundadas nas qualidades de escuta e de intuição. Privilegia mais a aptidão à inteligência coletiva do que os talentos individuais; a aceitação de soluções modestas do que a busca de reformas capazes de ser gravadas no mármore.

Quando saem da escola e chegam ao mundo do trabalho, os jovens tecnocratas parecem OVNIs em relação ao que se conhece da juventude diretamente ou pela mídia. Não muito à vontade em seus trajes bem cortados, ávidos de devorar contas e de usar suas planilhas para impressionar os antigos com suas pizzas e suas pirâmides coloridas (mas frequentemente não há impressoras coloridas na administração!), eles se atiram às tarefas, prolongam as reuniões no bar da empresa e olham com menosprezo seus velhos colegas, às vezes, malvestidos, alguns levemente alcoolizados ou, mais raramente, excitados, quase todos resignados ou amargurados. Nossos jovens colegas não são, entretanto, tão diferentes dos outros jovens, pois eles também têm dificuldades para fazer projetos e um plano de carreira; não acham mais que tudo acontece em Paris (inúmeros dentre eles têm vontade de viver no interior) e, sobretudo, compartilham com os jovens de sua geração um gosto do local e do mundial, paixões musicais, esportivas, artísticas, que não se deduzem diretamente de seu status socioprofissional. Assim, eles participam, como os outros, de múltiplos processos de identificação (tribos); como gestor de fundos da previdência social, vestido com um terno durante o dia, e, à noite, na balada; subdiretor do serviço jurídico durante a semana e dançarino de tango nos fins de semana, etc. Em geral, eles apresentam no trabalho uma imagem suave e pouco sexy, a diferenciação dos gêneros não deve ser muito escancarada (ah!, as calças compridas das jovens); o uso de roupas muito chamativas (tanto para homens quanto para mulheres) choca! É por isso que o jovem alto funcionário, ao chegar em casa, se apressa em colocar seu terno no cabide, mudando de *look*, assim como de referências. Certamente o modelo de funcionário conforme o esperado continua a existir, aquele que passa os seus fins de semana examinando dossiês (é preciso pagar a manutenção do apartamento) e a ler relatórios. Mas ele não é mais o predominante na atual jovem geração. Mais frequentemente os jovens altos funcionários vivem de paixões tão intensas quanto as do homem comum; eles personificam, no dia a dia, uma sincronia de atitudes diversas e, às vezes, contraditórias. Além disso, eles não estão seguros de que ao fim da carreira terão conseguido cumprir, como seus colegas mais velhos, um percurso sem desvios e sem asperezas. No entanto, o modelo de formação ao qual eles foram submetidos não os prepara verdadeiramente para os sobressaltos pessoais e profissionais; os modelos propostos não são, realmente, inovadores.

Sempre há prefeitos[75]

O alto funcionário deve, em seu trabalho, afirmar sua superioridade sobre seus colaboradores e saber satisfazer rapidamente seus superiores, dado que confiança e capacidade de escuta são virtudes secundárias.

Houve um tempo em que todos os tecnocratas faziam estágio na prefeitura, isso para que os alunos demasiadamente *germanopratins*[76] conhecessem o interior e seus cerimoniais, mas se tratava sobretudo de inculcar desde o começo a dupla "poder/obediência" nas jovens cabeças.

É preciso ver o prefeito agarrado a seu telefone, todas as quartas-feiras pela manhã[77], quando teme, seja lá pelo que tenha feito, ou não feito, uma brusca e inesperada decisão de

---

[75] N.T. O prefeito (*préfet*), na França, é alto funcionário da administração, em nível departamental ou territorial, nomeado pelo governo. Não se deve confudi-lo com o "*maire*", equivalente eleito, direta ou indiretamente, do prefeito das cidades brasileiras.

[76] N.T. O termo diz respeito a sábio e é formado pelos termos latinos *germanus,* "*Germain*", e *pratum,* "prado". Atualmente, o termo se refere, de modo voluntariamente afetado, ao meio intelectual parisiense, simbolizado pelo bairro de Saint-Germain-des-Prés.

[77] É no Conselho de Ministros que se decidem os decretos de nomeação dos prefeitos, diretores, embaixadores, reitores, etc.

mudança de posto; pois para o prefeito não há procedimento de dispensa, não há uma reunião prévia nem um motivo real e sério. O prefeito é, sem dúvida, o funcionário da República que mais recebe ordens e, com frequência, ordens absurdas: deve achar, em dois meses, 5.000 estagiários a formar e, portanto, 5.000 lugares de formação; deve fornecer um emprego para mil pessoas, desempregadas há muito tempo, em todos os organismos públicos; deve prestar contas, imediatamente, de planos referentes à adoção de normas ambientais, de acessibilidade ou outras estacionados num armário há vários anos e com os quais ninguém havia se preocupado até que um ministro, aconselhado por um comunicador, um criador de eventos mobilizadores, tenha se lembrado da existência deles. Ele deve organizar em dois dias a visita do ministro, do secretário de Estado ou, pior ainda, do presidente da República e mostrar imaginação para convencer a mídia da popularidade e da eficácia da ação do governo.

Não é de espantar que esse homem (não há muitas mulheres prefeitos, prefeitas?) seja estressado e que um de seus gestos favoritos seja jogar o livro de assinaturas do outro lado da sala e rasgar a nota que acaba de receber.

O prefeito só vê seus colaboradores e parceiros em reuniões que ele preside. Às vezes, ele copreside, ao lado do presidente do Conselho-Geral, quando é obrigado a fazer concessões às aparências de descentralização.

Uma reunião de prefeito, como uma reunião ministerial, não é feita para pensar uma decisão, mas para tomá-la, ou seja, para arbitrar entre diferentes posições quando ninguém resolve desistir. O alto funcionário é um tomador de decisões; não é um qualquer que constrói, com outros, uma posição cuja viabilidade e efeitos diretos e indiretos devam ser testados à medida que o trabalho avança; é alguém que escolhe entre posições definitivas e bem formalizadas: negociação, escolha, imposição.

Esse modelo se duplica em todos os escalões da máquina administrativa; o diretor de serviço territorial reproduz (em reunião de trabalho), ou com seus parceiros, a mesma lógica; o diretor-geral dos serviços de um departamento age da mesma forma com seus diretores-gerais adjuntos, os quais fazem o mesmo com seus diretores; no nível central, cada diretor de administração central, durante sua gestão, reproduz esse modo de exercício do poder. No hospital, também, as reuniões se arrastam, cada um se esforçando para mostrar seu ponto de vista sem que se elabore uma posição comum.

A concepção e a imaginação apenas raramente têm para elas um tempo de trabalho dedicado; são etapas que ficam como apanágio dos indivíduos. Cada um lê, toma notas, transmite-as, organiza, reenvia, mas o *brainstorming* é uma atividade estranha à função pública. Durante toda a minha carreira na IGAS[78], fiquei sempre espantada pelo pouco tempo que dedicávamos à prévia reflexão para uma missão; corríamos para o trabalho de campo e escolhíamos *"os departamentos representativos"*, os que eram cômodos ou de agradável acesso. Estabelecíamos questionários, listas de documentos a serem pedidos aos administradores ou aos estabelecimentos. Como se desse montão de dados devesse surgir, por um milagre matemá-

---

[78] N.T. Inspeção-Geral das Relações Sociais.

tico, uma problemática, um pensamento. Pior, aceitávamos antecipadamente o quadro descrito pela instituição sem nos questionarmos, com mais fundamentos, sobre a validade de um serviço em determinado momento, a pertinência de uma missão de serviço público, a necessidade de conservar esta ou aquela função. Repetimos ao infinito o modelo recebido, sempre aumentando os recursos empregados.

Da mesma maneira, a eficácia de uma reunião se mede pela ausência de desvios do assunto, pela produtividade do tempo passado a falar sobre as ordens do dia, esquecendo que esses tempos de trocas intersticiais contribuem à edificação da confiança necessária à inteligência coletiva e ao surgimento de ideias novas. É verdade que, diante do prefeito, todos querem, sobretudo, estar à sua altura, ou seja, elevar-se acima da banalidade cotidiana, reduzir o debate ao essencial, os grandes princípios (como satisfazer às ordens de Paris) e as finanças (como conseguir outras coletividades pagarem em vez de o Estado).

A ação pública é assim comprimida em categorias abstratas, como dispositivos que acolhem populações, organismos que respondem a especificações, editais, etc. O ambiente de uma prefeitura sai da mesma cultura; ninguém tem relação com seu superior direto e com seus colaboradores imediatos; o mesmo esquema se repetindo do topo para baixo da escala. Em cada nível, pode-se reconstituir, segundo a capacidade gerencial do gestor, uma atmosfera de melhor convivência, ou seja, confraternizar com os colaboradores, inclusive com os de nível inferior, o que não é, entretanto, muito bem-visto. Lembro-me de que um de meus chefes me dizia que ele achava que eu passava muito tempo falando com os membros do serviço do qual eu era adjunta (bater papo é uma perda de tempo).

O tempo perdido são os almoços, os cafés, os momentos passados a saber as novidades de uns e de outros; só a preparação de um tecido comum pode constituir o fundamento de um trabalho realmente colaborativo. Durante uma época dos anos 1980, imaginou-se que a *feminização* da alta função pública traria um amolecimento dos costumes. As mulheres não estão mais habituadas, por uma longa tradição, a dar importância às coisas da vida, aos assuntos fúteis, crianças, vestimentas, problemas de amor? Há muitos assuntos de conversa interessantes a compartilhar, em pé de igualdade, com todo o pessoal. Infelizmente parece que essas qualidades de experiência, essa elevada expressão da capacidade das mulheres para levar uma vida cotidiana banal (o *four banal*[79] é aquele que todos compartilham), seriam antifeministas. As mulheres não devem ser mais pragmáticas, mais concretas, mais afetuosas, mais impulsivas e mais fúteis (no entanto, a futilidade é um espaço de renovação muito eficaz) que os homens. Elas devem ser *"como os homens, tanto quanto os homens, iguais, iguais em tudo"*, até no humor.

Prova disso é essa cômica contagem que fazem os serviços de proteção dos direitos das mulheres, e outras protetores do gênero frágil, na condição de especialistas ou de testemunhas, do tempo de discurso respectivo dos homens e das mulheres na mídia. O papel de coadjuvante, frequentemente mais

---

[79] N.T. Vide N.T. n° 45.

feminino, é invalidado, pois é subjetivo, não universalizável e, talvez, não científico. No entanto, podemos nos perguntar se o especialista tem outras qualidades científicas além de seu nome, e se a opinião pública não atribui, com razão, mais crédito ao depoimento da testemunha, ou seja, à experiência.

Usuários bem representados, mas nem sempre presentes

Desde alguns anos, a administração se preocupa com os usuários e com o direito dos pacientes, dos deficientes, dos que sofrem de distúrbios psíquicos, etc., inscrito em belas leis ditas de democracia sanitária. Vimos florescer as instâncias de participação dos usuários e de suas famílias.

Mas a confrontação direta com os usuários é, na verdade, sempre evitada; o argumento, com certeza, é a falta de objetividade que implica uma empatia demasiadamente forte. Quando digo que me pergunto sempre se eu colocaria num lugar desses minha mãe ou minha filha, aceitam, pois é uma suposição abstrata. Ao contrário, se digo que sei que esse ou aquele serviço funciona mal, por exemplo, a agência de emprego, pois eu sei por minhas filhas ou por seus amigos que nunca lhes propuseram um emprego aceitável e que seu formulário de indenização ou seu contrato subsidiado já foi perdido três vezes, eu me exponho a uma suspeita de conflito de interesses.

O que se chama pomposamente nos ministérios de "*correio do cidadão*" é quase sempre tratado como uma transferência ao serviço territorial local, que se encarrega de dar um telefonema à direção do estabelecimento incriminado. Da mesma forma, as queixas de particulares são pouco utilizadas como gatilhos de um programa de melhoramento dos serviços, dado que a administração não acredita em situações particulares, só nas médias[80].

Essa pesquisa de objetividade levou a administração a multiplicar os filtros entre os tomadores de decisão e os usuários finais: associações, federações de associações, cabeças de rede, indicados por autoridades, etc. Todos esses procedimentos que levam, de uma parte, a consultar os representantes de usuários essencialmente sobre assuntos sobre os quais eles nada podem dizer (a gestão financeira de um hospital, a escolha de um material...), e, de outra parte, a não querer ouvir as reações concretas dos usuários, aqueles a quem o serviço público se dirige. Pode-se perguntar a um doente mental, quando os sintomas estão controlados, que foi obrigado a ser hospitalizado contra sua vontade, como se passou essa internação, se as condições da internação foram mais ou menos traumatizantes, se ele recebeu explicações sobre o episódio e sobre o tratamento adotado; é uma conduta de confiança recíproca e de empatia entre o que cuida (médico ou responsável pelo estabelecimento) e o doente, que é rico de ensinamentos particulares e gerais. É o ensino de uma experiência!

Ao contrário, os debates com as associações, pretendendo representar todos os doentes mentais com base no princípio do tratamento sem consentimento, só raramente chegarão a uma proposição concreta. Eles são apenas o álibi

---

[80] E, aliás, ela confunde, também, situações particulares e médias! O que conduz aos absurdos como o da campanha sobre a igualdade profissional homem/mulher, em que a diferença média de remuneração entre todos os homens e todas as mulheres, que depende da diferença de cargos e do tempo de trabalho, é atribuída somente à característica do gênero, como se a dita Léa (um nome bem comum) fosse condenada a ganhar menos que Vítor em trabalho (tempo e cargo) igual.

pseudomodernista da burocracia, pois, finalmente, os altos funcionários sabem bem o que é bom para os *"usuários"* dos quais, aliás, dizemos usuário e não cliente, por estarmos no serviço gratuito. Gostaria que os que procuram emprego e os beneficiários do seguro social fossem tão bem tratados quanto os clientes dos balcões de atendimento prioritário.

II. Aqueles que servimos, os que tememos, os que ignoramos e os que invejamos

Se veem o usuário (o cliente, o paciente, o cidadão...) somente através de instâncias representativas que os despem de sua própria carne, os altos funcionários mantêm elos de proximidade com os que eles pensam ser de seu nível, como os políticos, aos quais servem, jornalistas, que temem, intelectuais, que ignoram, e executivos privados, que invejam.

Nossos chefes, os políticos[81]

Seja ele funcionário de Estado, de departamento ou de estabelecimento hospitalar, o alto funcionário trabalha para ou com um eleito: um ministro e seu gabinete, um presidente de conselho-geral e seus vice-presidentes, um presidente do conselho de supervisão que representa os eleitos e os usuários.

---

[81] Quando comecei minha carreira, apenas os postos de direção dependiam do ministro. Cada vez mais, a atividade de nomeação dos diretores de estabelecimentos, dos subdiretores e até dos chefes de escritório constitui uma parte importante da atividade de um gabinete ministerial. Frequentemente, aliás, toma-se o cuidado para que haja representantes de membros dos diferentes postos, que servirão de etapas para seus camaradas.

A partir de certo nível, a nomeação do alto funcionário aos diferentes postos depende do gabinete do ministro ou do eleito local.

Assim, a ligação entre o político e o funcionário é cada vez mais íntima e não é possível "fazer carreira", ou seja, ter acesso a esses postos prestigiosos de diretores ou de chefes de serviço, etc., sem ter passado por um gabinete ministerial. A "saída dos gabinetes", isto é, a preparação de uma mudança de governo dá, aliás, lugar às danças de postos, cada vez mais intensas, o que reaproxima pouco a pouco a França do *spoil system* ao estilo americano. Os órgãos de controle e de inspeção ficam saturados de nomeações de último momento e se esvaziam quando as novas equipes ministeriais se formam.

Essa proximidade, não da cruz e da espada, mas da urna e do concurso, é expressa, aliás, por um desaparecimento progressivo do respeito às regras, pois as equipes dos gabinetes ministeriais são apresentadas como restritas, pouco numerosas, com a austeridade e o rigor sempre virtuosamente na frente, mas os gabinetes são amplamente reforçados pelas disponibilidades de funcionários saídos de diversos serviços administrativos[82].

---

[82] Um funcionário colocado à disposição continua a ser pago por seu órgão de origem e pode ali adquirir o tempo de antiguidade. Assim, quanto mais funcionários estão em disponibilidade, menos pessoas existem para efetuar os trabalhos da administração. Mas desde o momento em que eles pertencem a um gabinete ministerial, os altos funcionários passam a desprezar as funções da administração que os colocaram à disposição. Eles trabalham tão mais e são tão mais importantes que essa pequena manobra hipócrita até lhes parece totalmente justificada.

Às vezes, a proximidade é tão grande que o alto funcionário, cedo ou tarde, salta uma etapa e tenta a eleição, apesar de que aí também a administração seja facilmente manobrável, e o funcionário que quer investir seu tempo em sua carreira eleitoral não é demitido; ele pode utilizar suas férias pagas, sua conta-poupança e até se colocar, um ou dois meses, em disponibilidade se tiver recursos monetários pessoais ou algum outro sustento. Se perder, ele se reintegra imediatamente ao seu posto, que estava bem guardado para ele[83]. Se for eleito, ele se beneficiará da diminuição de carga horária. Exemplo: um vice-presidente de conselho regional e, ao mesmo tempo, prefeito de uma cidadezinha pode trabalhar em tempo parcial; um presidente de conselho-geral se beneficiará de uma diminuição equivalente a 90% do tempo. Significa que esses funcionários trabalhando 50% e mesmo 10% serão pagos com 100%, vantagens incluídas, e que, certamente, se houver uma reviravolta e eles perderem numa próxima ocasião, terão adquirido progressões e direitos equivalentes aos dos que trabalharam em tempo integral.

Somente os professores de universidade têm um status mais vantajoso em relação à carreira política porque podem acumular, qualquer que seja o mandato, inclusive nacional, sua função eletiva e seu emprego, exercer este também, ou não, segundo suas obrigações e acumular as remunerações

---

[83] A capacidade de atração de certos espaços, à saída da ENA, faz jus ao seu prestígio (Tribunal de Contas, Conselho de Estado), mas também pela possibilidade que oferecem de conservar um refúgio em caso de tempestades políticas. É assim que dois de nossos presidentes da República estiveram longo tempo em disponibilidade no Tribunal de Contas e que alguns de nossos ministros ali passaram alguns meses e até alguns anos quando perderam em todas as eleições, etc.

e vantagens das duas carreiras. Georges Frèche foi professor de direito toda sua vida e Raymond Barre "ensinou" economia mesmo quando era primeiro-ministro! Esses privilégios pouco conhecidos colaboram com o espírito antifuncionário e antipolítico, pois imaginemos as dificuldades de um dono de garagem, de um médico particular, mesmo de um advogado (que abandonará seu escritório), de um tabelião, de uma secretária, de uma fonoaudióloga ou de qualquer assalariado privado ao interromper assim sua carreira para retomá-la três meses mais tarde ou cinco anos depois!

É preciso dizer que essas disposições estatutárias, como se diz, são, com frequência, acentuadas pela fraqueza dos chefes dos altos funcionários com atividade política. Certamente as armas disciplinares das quais eles dispõem para lembrar os poucos deveres desses candidatos em campanha eleitoral, ou que já perderam, são pouco adaptadas, pois as sanções disciplinares exigiriam reunir um conselho disciplinar (convocado pelo presidente da República para os órgãos de inspeção), já que as reduções da parte variável dos prêmios representam uma ínfima parte da remuneração. Então, como fazer quando um inspetor-geral, do qual se sabe que é próximo do poder (futuro), participa dez vezes menos de atividades que seus colegas, ou quando outro, antigo conselheiro de um ministro que o nomeia no final de seu mandato, se contenta em dissertar sabiamente sobre relatórios dos quais ele não escreveu nenhuma linha? Que fazer, enfim, quando a outro não se pode mais atribuir qualquer tarefa, tantas são suas reduções de serviço por funções eleitorais? Apesar disso, os próprios colegas, embora resmunguem nos corredores contra esses cujos gabinetes estão eternamente desocupados, são atraídos por esse brilho. Tudo bem que Aquilino Morelle apareça em primeiro lugar em todas as mídias pelos dois relatórios que ele fez desde sua chegada na Inspeção-Geral das Relações Sociais, o que provoca comentários acerbos, mas, ao mesmo tempo, sente-se uma real admiração, quase uma veneração, por este que é, foi e será respingado pelo ouro presidencial. Um conselheiro próximo de Martine Aubry[84], que foi nomeado no final do mandato para a Inspeção, podia anular sem cessar suas reuniões de trabalho e não cumprir seus compromissos profissionais sendo amplamente redimido pela sua capacidade de fazer com que seu auditório participasse dos *"grandes momentos do político"*. Como se os tivéssemos!

Existe no alto funcionário médio uma clara lucidez sobre seu status real e sua ausência total de poder, que ele esconde contando que tem amigos importantes, que eles estão próximos e, até mesmo, que são o poder.

Essas relações, que são quase incestuosas entre os que se achavam antigamente grandes agentes do Estado e que personificam a neutralidade do serviço público, só se reforçam com os eleitos pelo povo, pois cada mudança de governo provoca uma verdadeira dança de cadeiras que, após as virtuosas declarações de início, vai se acelerando sem cessar. Até que o camarada que falava de um cargo que estivesse indevidamente ocupado por um indivíduo (embora ele fosse muito competente, mas, principalmente, porque ele havia sido nomeado por um político muito conhecido do governo precedente), e a quem eu retorqui que o decreto estatutário do estabelecimento determinava uma duração de nomeação

---

[84] N.T. Conhecida política francesa.

de cinco anos, durante os quais ele estava inamovível, respondeu-me tranquilamente: "Como o diz o gabinete da ministra, os textos podem ser mudados"[85].

Passar no 20 horas

Entre as qualidades do alto funcionário figura a discrição, que é, aliás, uma obrigação imposta pelo estatuto das funções públicas. No entanto, a atração da coisa pública, melhor ainda, televisionada, não poupou os altos funcionários, e suas opiniões se expressam mais frequentemente nos jornais do que nas reuniões de trabalho e seminários de equipe. Imprimir sua assinatura no grande telejornal cotidiano da noite é um grande feito, sobretudo, porque a importância assumida pela comunicação se atém mais à contaminação pelo político do que a uma vontade, bem compreendida, de fazer os usuários e os profissionais participarem da ação pública. O alto funcionário desdenha, de qualquer modo, de outros apoios além dos generalistas e nacionais. No máximo, ele publicará na grande revista universitária de sua área, mas, antes de tudo, ele terá por objetivo um artigo na grande imprensa ou uma passagem no telejornal das 20 horas; nenhum outro trabalho é, além disso, tão comentado nos corredores dos serviços do que essas incursões midiáticas; nos órgãos de inspeção, um bom relatório é um relatório que foi comentado no *Le Monde* e na televisão. Isso assinala o confinamento corporativista, pois falar de uma medida ou de um relatório é valorizar o serviço, o órgão, reforçar seu prestígio.

---

[85] Ele, aliás, não estava errado, mas não teve necessidade de mudar os textos: o presidente do estabelecimento, cansado de tanta pressão, acabou por mandar sua carta de demissão ao presidente da República.

Alguém disse que alguns de nossos colegas sabem provocar mais reações midiáticas com dois relatórios que outros mais esforçados com uma quantidade de relatórios que não repercutem e dos quais todos já esqueceram que foram encomendados e redigidos. O escândalo, particularmente, vende bem, é preciso dizer, à condição que o culpado seja antipático e fácil de injuriar, como o diretor de um estabelecimento que escoava produtos que ele sabia (ou deveria saber) contaminados ou um proprietário de um laboratório farmacêutico pouco escrupuloso, etc. Ao contrário, denunciar um mau funcionamento, sem outro culpado que não seja a inércia e a incúria administrativa habituais, não abrirá as páginas do jornal tanto os jornalistas são ávidos por histórias simples em que os bons são bons e os malvados realmente malvados.

Além disso, é quase impossível provocar o interesse dos jornalistas com situações complexas, como um hospital onde alguns serviços são muito bons e outros, imundos; um estabelecimento bem gerenciado, mas cuja utilidade é duvidosa; uma associação que faz intervenções muito eficazes, mas não sabe gerir seu orçamento. E mais difícil ainda é o caso dos psiquiatras que dissertam longamente sobre as mídias que falam do escândalo sobre a hospitalização contra a vontade dos doentes, mas que nem mesmo sabem quantos quartos existem em seu serviço e que devem consultar a fim de saber o nome e a história dos hospitalizados. Os jornalistas querem acontecimentos, de preferência um tanto sangrentos e com responsabilidades bem estabelecidas.

Então, bancamos os indiferentes com jornalistas, mas cada um espera e, enquanto espera, recolhe alguns segundos dos quinze minutos de fama.

Intelectuais, despreocupados sonhadores

Os altos funcionários, como inúmeros executivos franceses saídos do sistema de formação paralelo à universidade, constituído pelas grandes escolas, não conhecem verdadeiramente o mundo intelectual, ou melhor, eles têm deles uma acepção bem ampla, juntando ensaios de jornalistas, de políticos, de administradores e trabalhos universitários. Além do mais, estes últimos se caracterizariam pelo tédio sofisticado, que parece necessário para provar sua cientificidade. No fundo, os altos funcionários, antigos e sempre bons alunos, se tomam facilmente por intelectuais. Frequentemente eles estiveram nas mesmas prestigiosas escolas preparatórias de inúmeros grandes cientistas ou são normalistas como Vidal-Naquet, Vernant e tantos outros; e, às vezes, saíram do Instituto de Ciências Políticas, como os grandes ensaístas.

Esqueçamos o que eles são, pois o que define o grande intelectual é a consciência aguda da incerteza, da infinitude, da incompletude dos saberes.

Poderíamos ganhar bem mais

Cada vez mais nossos altos funcionários deixam de se contentar com uma carreira puramente pública. Os melhores passam quatro anos numa instituição importante, quatro anos numa função junto a um gabinete, quatro anos na direção de um grande órgão público e depois partem para completar sua fortuna na política ou numa empresa privada. Seguramente são poucos os que conseguem tornar-se diretor adjunto no Crédito Agrícola, diretor-geral no Grupo SNFC, diretor de uma seguradora, de um banco, de um grupo de distribuição, etc. Mas cada um, mesmo em seu modesto nível de inspetor-geral, de subdiretor da segurança social ou de diretor de estabelecimento público, pensa que poderá sê-lo um dia.

As discussões essenciais giram em torno da remuneração, essa remuneração que seria muito mais elevada se deixássemos o serviço público, com *tremolo* na voz, para mostrar quanto nos sacrificamos pelo interesse geral. Essa remuneração do serviço público escandalosamente baixa. Ninguém diz quanto ganha; eu nunca soube quanto ganhavam meus colegas mais próximos. Mas se ganha sempre muito pouco. Esqueçamos de todas as remunerações anexas que completam as principais, as bancas de concursos, cargos de professores associados à universidade, cursos de todo tipo... Esses extras, efetuados no tempo do trabalho, é claro (mesmo se os altos funcionários passam amplamente mais de 35 horas no escritório, eles desfrutam, é preciso dizer, de uma grande liberdade de uso de seu tempo), podem ultrapassar o teto autorizado; eu me lembro que, no Tribunal de Contas, os jovens auditores reclamavam que não lhes aumentavam o teto[86].

Posição paradoxal essa dos guardiães do serviço público, tão ciosos do bom uso do dinheiro público, tão virtuosos nas indenizações das finanças públicas, especialmente dos

---

[86] O estatuto da função pública fixa um teto às atividades ditas complementares, que se podem acumular com sua função e sua remuneração: um funcionário não pode ganhar (fora os direitos de autor) mais da metade de sua remuneração, sem gratificações. Constata-se, aliás, nessa ocasião, que o funcionário subalterno tem menos ocasiões de melhorar seus recursos do que o alto funcionário! Normal, ele tem menos necessidades!

fraudadores sociais em potencial, e, no entanto, tão gananciosos e tão invejosos de posições que não ousaram assumir. Porque, é preciso dizer e repetir, o alto funcionário dispõe ainda de uma segurança de carreira como não existe qualquer outra igual, dado que o desleixo, a preguiça e até mesmo a incapacidade não os levam a suspensos ou aposentados. É preciso que a falta mostre uma desonestidade flagrante para que haja uma exoneração. Um funcionário só pode ocupar cargos cada vez mais elevados; caso ele não postule algum emprego de direção, é considerado incapaz; um funcionário de autoridade substituído deve ser recolocado seja em outro cargo de direção, seja em um órgão com perspectivas de funções prestigiosas. Assim, as substituições demoram na espera de se encontrar um posto com boas perspectivas para o "infeliz" que foi destituído, como se os únicos critérios de nomeação fossem a satisfação dos titulares dos cargos!

Além disso, frequentemente os altos funcionários não seguem um plano de carreira somente em função de interesse por um setor ou por sua lucratividade, mas, antes, em função do prestígio que os diferentes cargos ocupados oferecem. Ouvem-se alguns dizerem que não podem postular esta ou aquela direção de estabelecimento médio, pois não é do seu nível; outros hesitam em pegar caminhos diferentes, pois poderiam ser malvistos mais tarde; e, o que é mais grave, inúmeros altos funcionários tecnocratas não têm nem vontade nem competência para esse tipo de administração, ou, então, têm apenas um interesse muito fraco pelo setor no qual exercem funções de autoridade. Mas eles são como que obrigados por uma espécie de dever interior, talvez da regra implícita da tribo, a seguir as trilhas conhecidas.

Maus chefes, talvez, porque não ousam jamais resolver conflitos, têm medo de se opor, de decidir, de ser responsáveis, ou maus chefes porque eles não amam o trabalho de equipe e são persuadidos que ser chefe é ser mais competente que seus subordinados. Imaginemos esses chefes, atualmente perdidos em seus grandes gabinetes, quando eram crianças e detestavam o frio e a neve, mas eram obrigados a ganhar as estrelas e a flecha de ouro; apaixonados por poesias e romances, mas orientados, contra sua vontade, para as seções científicas a grandes golpes de lições particulares; finalmente, retardando o momento de encarar a vida de chefe acumulando diplomas e concursos. Nossas amigas, as feministas da administração, submetem as mulheres ao mesmo regime, ou seja, é malvisto pegar mais de três meses de licença-maternidade, justificar uma falta com um motivo muito "infantil" e admitir um atraso na carreira por causa de uma gravidez.

No entanto, ao contrário de inúmeras empresas, a alta função pública é um meio que tolera as mudanças de ritmo de trabalho ligadas às escolhas familiares, pois uma carreira mais lenta no início pode se acelerar na sequência; ainda é possível ter cargos interessantes com mais de cinquenta e cinco anos. É, então, por pura submissão à pressão da tribo, à imagem que delas deveria ser dada, que as mulheres forçam as jovens colegas a subordinar o número de crianças que elas terão ao longo de sua carreira e a privilegiar um modo de guarda das crianças que lhes permita voltar para casa e encontrar os filhos de banho tomado e prontos para dormir.

Não é, certamente, querer questionar a escolha de mulheres que preferem investir mais energia em seu trabalho do que em sua vida familiar; nem mesmo pensar que tal escolha seria nefasta para as crianças. Gerações inteiras de crianças foram criadas por babás benevolentes, e ser mãe não é prova de competência educacional. Ao contrário, deve-se notar que é cada vez mais difícil na alta função pública, como no enquadramento das empresas, afirmar algum relativismo em relação à seriedade das tarefas confiadas. É preciso, sem cessar, fazer como se a terra devesse parar de girar, o ministério de funcionar e até mesmo o governo se demitir em caso de se falhar na missão. A posição feminina torna-se assim cada vez mais paradoxal; nossas delegadas e secretárias de Estado dos Direitos das Mulheres nos motivam a ser mulheres cada vez mais fortes em nome de nossa fragilidade!

Uma administração pós-moderna?

Estaríamos, contudo, errados ao pensar que a tribo dos altos funcionários se satisfaz com suas fracas certezas e seus privilégios invisíveis. A boa consciência, mesmo que, às vezes, artificial, atormenta nossos guardiões do bem público e qualquer coisa os incomoda no cotidiano. Seria a sensação furtiva de que o mundo não gira como deveria girar, de que as coisas correm mal? Ou as esperanças de mudanças são rapidamente frustradas e as campanhas eleitorais, cheias de promessas, acabam rapidamente na decepção ligada à impotência efetiva? De fato, tenho dificuldade em acreditar que todos esses jovens e os não tão jovens altos funcionários, que preencheram ficha sobre ficha para o candidato presidente, tenham feito isso unicamente para ganhar as eleições. Talvez, mesmo, as mudanças cada vez mais rápidas nos gabinetes ministeriais sejam causadas, em parte, pela necessidade de substituir os "ingênuos" pelos "astutos e experientes". Mas, durante as campanhas, as ilusões acabam e todo o projeto político, mesmo entre os altos funcionários, tende a perder sua credibilidade. Cada um tende a jogar sobre os outros, subordinados, superiores, políticos, jornalistas, a responsabilidade da inércia, e as proposições e os projetos se transformam em "bem que eu havia dito". Como se os eternos remendos de um mesmo mecânico funcionassem como solução. Talvez, aliás, não haja, em todo caso, não no momento, solução à inadaptação do sistema de administração à sociedade pós-moderna. É, sem nenhuma dúvida, esse desconforto que os altos funcionários sentem, refugiando-se, desde logo, em sonhos políticos que sabem não ter perspectivas, num cinismo ligado à sua prosperidade ou seu conforto pessoal; talvez perdendo-se em um ascetismo sem falhas para conservar a qualquer preço as formas e os códigos que pressentem, no entanto, estarem obsoletos.

Autonomia, a cada entidade, sua própria lei

Todos os fundamentos do Estado moderno ruíram, pois, inicialmente, a lei estatal não tem poder, o que vale é a autonomia das coletividades, dos estabelecimentos, dos grupos, das corporações, das comunidades; tanto para o melhor quanto para o pior. O melhor, em todas essas tentativas de auto-organização em nível local, são esses movimentos de solidariedade, as etapas associativas ou os movimentos espontâneos de coordenação que permitem a manifestação, no dia a dia, do *viver-junto*, da ajuda mútua, das solidariedades.

É também o pior porque cada uma dessas comunidades se definiu em concorrência com as outras, construiu sua identidade (e a identificação de seus membros) através da oposição às outras; o pior, também, porque esse vasto movimento de reconstrução de entidades particulares acorda os piores corporativismos, egoísmos e racismos. A reação de quase todos os funcionários de Estado é a de pleitear por um retorno ao primado do Estado e à universalidade da lei, idêntica para todos. Anticomunitarismo antes de tudo[87].

A igualdade de tratamento, curiosamente, qualquer que seja ele, bom ou mau, tornou-se o objetivo primeiro das políticas públicas e a medida de seu sucesso. Essa tensão entre o modelo generalizável e generalizado impede qualquer experimentação real na medida em que tudo que não seja generalizável, quaisquer que sejam os resultados atingidos, deve parar.

A experiência, no entanto, é sempre particular e, de certa maneira, não generalizável, o que choca o espírito cartesiano francês para o qual qualquer fenômeno deve ter uma causa identificável e qualquer processo deve poder ser repetido. A descentralização à francesa produziu, assim, um objeto bizarro, sucedâneo de autonomia; nenhuma coletividade administra suas áreas de competência segundo suas próprias regras, as quais são inteiramente decididas fora dela. A cláusula de competência geral, que permite a cada coletividade intervir para além e ao lado de suas competências

---

[87] A parábola *"de la paille et de la poutre"*, do cisco e da farpa [N.T. Vemos os defeitos dos outros, que nos incomodam, enquanto ignoramos os nossos], aplica-se bem a esses empregados do Estado que fustigam redes e comunidades de pessoas pobres, mas que rodopiam entre suas diversas tribos!

obrigatórias, produz um sistema de competências cruzadas, acrescido pelo balé incessante que envia certos eleitos locais ao governo, onde recrutam altos funcionários de Estado para seus gabinetes. Finalmente todo mundo tem vantagem sobre todo mundo, ninguém é realmente responsável por nada e, sobretudo, por nenhum fracasso de qualquer política pública. A impotência torna-se a regra.

A política da cidade tem como objetivo essencial, desde sua origem em 1978[88], desenvolver um território e regras de *viver-junto* que permitam que a situação de certos bairros não leve seus moradores a atacar selvagemente o gueto dos bairros privilegiados. Ela se transformou em jogo de pingue-pongue entre o Estado, que edita as regras, mas procura, sobretudo, gastar menos, as regiões e departamentos, que, sob pretexto de política da cidade, restringem suas contribuições ditas de direito comum em matéria de formação, de apoio ao emprego, de intervenção econômica e ajuda social, e as administrações municipais, que hesitam em adotar claramente uma discriminação positiva.

O subprefeito das cidades ou o subprefeito da coesão social, ou outro nome eufemístico, é, talvez, o paradigma de uma nova geração de altos funcionários: elétrons livres (de alguma maneira), alheios a qualquer instituição, eles são, no melhor dos casos, parteiras de rede. Sua legitimidade lhes

---

[88] Era, com efeito, uma criação da presidência de Giscard essa política pública de "Moradia e vida social", concebida para reabilitar os "grandes conjuntos", como se dizia então, e, ao lado da pintura de sacadas e corredores, oferecer-lhes alguma animação sociocultural. Nem os meios nem os objetivos mudaram realmente, mesmo se a soma final foi, sem dúvida, multiplicada por cem.

chega de um resto de Estado que não possui mais tropas nem recursos; na verdade, eles se encontram limitados à única qualidade que fica, ou seja, a neutralidade. Fazer de uma fraqueza uma força?

Essa organização em redes, através das quais os altos funcionários do Estado conduzem reuniões de parcerias ao infinito, indo a campo, mostrando o dourado e as pompas da República, pontilha o que poderia ser a gestão da coisa pública amanhã. Modesta, quase escondida, formalizada, mas sob formas evolutivas, fundada numa autoridade carismática muito mais que sobre uma autoridade hierárquica, visando mais às colaborações do que à execução de prescrições bem padronizadas.

Não é certo que a formação e o estatuto dos altos funcionários os preparem a esse tipo de intervenção, mas é verdade que as jovens e os jovens "que se lançam na carreira" não são tão diferentes de todos os outros de sua época. A escolha que um bom número faz de uma carreira nos limites institucionais, ou com movimentos fora da administração central e fora dos gabinetes ministeriais, deixa entrever um ponto de fuga.

Um poder que se desagrega

Os altos funcionários são feitos para exercer funções de autoridade, que é propriamente o que define suas competências, pois, com certeza, às vezes, eles têm apenas o poder de dizer o que é legal e o que não é, o que é regular e o que não é, ou o que está em conformidade ou não. Não são funcionários de campo e seu poder só pode ser indireto. Isso nada impede; a identidade profissional do alto funcionário ressalta seu poder de fazer ou de mandar fazer, de dizer ou de impedir. Esse poder está, entretanto, cada vez mais minado, já se viu, pela diluição das responsabilidades entre várias instituições; ele se reduz a impor aos outros responsáveis seu ponto de vista; mas está igualmente enfraquecido pela inadequação da organização do trabalho e da conduta dos homens inerentes a uma administração moderna, ou seja, ultrapassada.

A administração francesa funcionava de um modo centralizado e hierarquizado com o primeiro-ministro e seu secretariado-geral do governo no topo, depois os ministros, as famosas reuniões de arbitragem interministeriais, as administrações centrais; no escalão departamental, o prefeito orquestrava da mesma forma as intervenções das direções departamentais.

O número de "cabeças" era restrito aos diretores de administração central e de serviços exteriores, aos prefeitos de região e de departamento. As referências eram essencialmente jurídicas e os modos de ação, policiais ou financeiros; mesmo as coletividades territoriais eram administradas nesse modelo em que a execução de "despesas obrigatórias" fazia a partilha, pelo Estado, do maná público, segundo as necessidades de financiamento locais.

Essa bela unidade organizacional, ao ser remetida a uma unidade de comando, fracassou; a organização territorial da França ressurgiu atualmente de um quebra-cabeça, o das regiões que têm diante delas prefeituras de região e direções regionais. Essas não têm, contudo, autoridade hierárquica sobre as direções departamentais; aliás, elas reagrupam atualmente todo tipo de competências, como os esportes e a coesão social, mas, também, os serviços veterinários e, às vezes, as populações estrangeiras! As competências jurídicas foram recheadas com competências técnicas, agências e institutos; outros organismos foram criados para dar-lhes suporte e têm à frente um diretor-geral cioso de demarcar seu território. Assim, as direções de administrações centrais, tutoras desses organismos, acreditaram que elas mesmas deveriam reforçar suas competências técnicas para poder exercer seu controle. Nas regiões, os prefeitos de região foram duplicados com prefeitos sanitários, ou seja, os diretores de agências regionais da saúde (ARS). Todavia, esses últimos são enquadrados muito fortemente por um comitê de direção nacional no qual os diferentes diretores de administração central lutam para que as tarefas de seus setores sejam executadas prioritariamente.

Com certeza essa diluição de poderes não desagrada inteiramente os altos funcionários, pois essa organização subentende uma diluição, até mesmo uma impossibilidade de estabelecer responsabilidades. Está claro, por exemplo, que Jacques Servier[89], qualquer que tenha sido a organização interna de sua empresa, poderá ser considerado responsável e culpado se for comprovado que vendeu um produto sabendo que ele não era útil como medicação e que pode ser perigoso. Ao contrário, é mais difícil responsabilizar o diretor-geral da saúde ou o diretor-geral da agência de segurança dos produtos de saúde por não ter

---

[89] N.T. Doutor em Medicina e em Farmácia.

estabelecido recomendações claras aos profissionais de saúde. Quanto aos médicos que teriam prescrito um medicamento destinado a tratar a diabetes para pessoas que não eram diabéticas, que tinham somente necessidade de emagrecer, podemos criticá-los por não terem aplicado ao pé da letra autorizações de venda elas mesmas relativamente imprecisas?

É preciso, então, admitir que o Estado com seus serviços não é mais "o grande protetor" da saúde das populações. De uma parte, certamente, porque, contrariamente a todas as fascinações, o progresso técnico é portador de riscos, mas, de outra parte, porque a autoridade e a responsabilidade são diluídas entre numerosos atores, mesmo que a ideologia do Estado centralizado e único, tomador de decisões, continue a prevalecer. É um Estado diluído em múltiplas instituições; difícil identificar um responsável, o que faz com que o alto funcionário escape a maior parte do tempo de ser questionado.

Paradoxalmente, ele poderá ser punido por ter cometido uma falta venial, conjuntural, ou porque alguém o responsabiliza por um incidente. De certa maneira, a responsabilidade do alto funcionário sofre uma reviravolta, pois ele não é incriminado pelas disfunções resultantes de um trabalho malfeito por suas equipes, mas pode sê-lo por acontecimentos exteriores à sua competência, sobre as quais tem relativamente pouca ingerência. Assim, acontece com um prefeito incapaz de conter uma manifestação de descontentamento durante a visita de um presidente da República, ou com um diretor de serviço departamental da saúde que não soube evitar as longas filas nos primeiros dias da campanha de vacinação contra a gripe H1N1[90], etc.

Sem dúvida, a dificuldade de administração dos altos funcionários está ligada a essa ausência de fixação em seu estabelecimento ou seu serviço. O essencial da carreira de um alto funcionário se desenvolve no "topo", dado que um alto funcionário pula de posto em posto. Ele se coloca como um pássaro sobre um galho, mas raramente estabelece com suas equipes esse elo de confraternização, que é o que funda uma confiança e uma esperança recíprocas. Sua lealdade é dirigida ao seu superior, não aos seus colaboradores, e as recompensas e sanções jamais são em função da aura administrativa do chefe em relação à sua administração.

Será que o modo de nomeação dos diretores e outros chefes de órgãos, instituídos e destituídos, sem qualquer formalidade, pelos ministros, influi em sua reverência em relação às ordens, mesmo absurdas, dos gabinetes ministeriais e sobre a instabilidade de sua lealdade em respeito à fé de seus colaboradores e do conteúdo de sua ação? As altas jurisdições e as autoridades independentes fornecem o grande álibi da independência da administração francesa, mas,

---

[90] O diretor departamental da Ação Social de Paris foi demitido porque uma reportagem na televisão havia mostrado longas filas de pessoas querendo se vacinar contra a gripe aviária na frente de um ginásio. Apesar de esse problema se dever, antes de tudo, à escolha efetuada pela administração central (e pela ministra), confiando a operação, que pretendia sistemática, a profissionais específicos em vez de aos médicos clínicos gerais. Um prefeito pode também ser deslocado porque uma manifestação de agricultores perturbou uma visita presidencial, mesmo se as decisões contestadas foram feitas pelo ministro da Agricultura em negociações europeias e que os agricultores não serão processados ou punidos por sua violência!

salvo alguns sopros de liberdade e de coragem, um diretor aceitará distribuir uma circular sabidamente ilegal, um chefe de inspeção não divulgará um relatório se imaginar que isso incomodará o ministro, sem falar da execução de projetos e campanhas que todos os especialistas do assunto sabem ser ineptas, absurdas e sem interesse.

Quem não viu um alto funcionário, na casa dos cinquenta anos, interromper qualquer reunião de trabalho com seus colaboradores para atender ao telefone um pequeno conselheiro de gabinete saído dos bancos da escola três anos antes e cioso, antes de tudo, de mostrar o seu poder? Este, exigindo que a ordem dada na véspera seja executada no dia seguinte, obrigando uma equipe a refazer com urgência, mal, portanto, um plano de ação longamente preparado, recusando-se a ouvir observações contrárias e a compreender as consequências, negando-se principalmente a levar ao ministro informações que considera desagradáveis. Pois os cargos cobiçados dependem do governo – as nomeações (e as revogações que as precedem) são decididas em conselhos de ministros; se a corrida que eles provocam atrai numerosos concorrentes, esses nem sempre estão prontos a assumir essa precariedade. Assim como essas mulheres que se queixam de que o amante não se separa da esposa voltam-se, alguns anos mais tarde, contra a nova amante.

A prova de humildade

A palavra de autoridade e o poder hierárquico não conseguem mais, como já vimos, provocar uma ação. Os projetos se diluem no mar morto das reformas abortadas. A questão não é mais somente saber o que fazer com tantos relatórios, artigos, declarações, promessas de campanha e outros espaços de discussão que as definiram, mas como fazer. É nesse momento que a administração sonha em mobilizar a sociedade civil, como ela diz, ou seja, todos aqueles que esperam suas diretivas, não para lhe pedir que execute suas decisões, mas para recolher, de alguma forma, sua autorização para fazê-lo; como fazer isso, a não ser obtendo de cada parceiro seu consentimento?

As comissões e outros grupos de trabalho destinados a construir um plano de ação se sucedem, mas, infelizmente, a maior parte do tempo funcionam no modo de representação, qual seja, são convocados para tal diferentes grupos de interesses particulares; cumpre a cada um defender sua posição, o que quer e como quer fazer, etc. O ponto culminante de tal processo é, em geral, uma declaração feita com alguns grandes princípios universais, acrescida de um programa mínimo. Outro caminho seria um trabalho por consenso, ou seja, um diálogo que permita experimentar em comum, reunindo em torno de uma mesa pessoas que, a partir de sua experiência e de seu sentimento sobre as situações, se esforçam em encontrar novas soluções que permitam um equilíbrio entre as aspirações contraditórias ou contrárias.

Avançar por consenso não permite elaborar um plano fixo e definitivo, mas sim encontrar, situação por situação, com as pessoas concretamente envolvidas, os usuários, os profissionais, os investidores, o bom ritmo. Significa não mais fazer grandes leis, criar grandes estabelecimentos, fazer grandes reformas, mas avançar no dia a dia, passo a passo. Certamente a humildade não é a qualidade primeira dos altos funcionários, mas é possível que ela seja a condição de uma revitalização da paixão pública.

Abertura

"Não é preciso hesitar em dizer o que separa
de você a metade de seus companheiros
e o que triplica o amor do resto."
Paul Valéry
Olhar sobre o mundo atual

E is aqui delineadas, em grandes traços, algumas manifestações do Grande Teatro de marionetes – político, jornalístico, acadêmico e administrativo – que se posicionam em primeiro plano *no palco,* o que é, de fato, *obsceno*! Pois são gerações medíocres que ocupam a mais elevada hierarquia. Mas é apenas "um mundinho" de homens insignificantes atuando nas diversas áreas da esfera pública; sua inutilidade é igual à sua vaidade. É certo que, ao não ter nada a dizer, eles fazem enormes discursos deixando atônitos os imbecis, mas, de fato, não interessando a ninguém. Frequentemente, nos períodos de decadência, ouvem-se as elites, os que têm o poder de dizer e de fazer, ensurdecerem "o povinho" com declarações tonitruantes que agitam o ar com frases ocas. Em relação ao nosso tempo, com lugares comuns recheados dessas palavras fascinantes tais como *República, Democracia, Cidadão* e *Contrato Social*. Ouve-se, ao fundo, o que o saudoso Jean Baudrillard chamava de "maiorias silenciosas" replicar: "fala sempre, tu me interessas".

As ideias mentirosas dos políticos e jornalistas, a fatuidade da *filosofia inútil* e frívola dos "experts" de todo tipo e outros tecnocratas, sem esquecer a moeda fácil que inúmeros supostos pesquisadores fazem circular, tudo isso é o indício mais seguro de uma real degenerescência, a de uma elite desconectada que, praticando o compadrio, faz *seppuku*. Tentamos mostrar, ao longo dessas páginas, que a defasagem das elites leva-as, sem dúvida, seguindo sua tendência, a querer considerar tudo apenas do ponto de vista econômico ou, ainda, político, fazendo disso o único "princípio de realidade". É perder de vista, assim, que só o simbólico é capaz de assegurar, de maneira subterrânea, a coerência do elo social. Talvez seja por isso, aliás, que, por não saber mais enunciar o que é vivido na vida cotidiana, os discursos abstratos da sociedade oficial apoiem os diversos extremismos dos quais o noticiário é farto.

Essas elites são a mera expressão de uma França atrofiada; a velha aldeia gaulesa que se acreditava ao abrigo protegida por suas paliçadas de madeira. França que, por ter *inventado* a modernidade (Descartes no século XVII, a filosofia das Luzes no século XVIII, os sistemas sociais do século XIX), teve muita dificuldade para aceitar a emergência da pós-modernidade, certamente mais selvagem, mas também mais dinâmica. De fato, o velho mundo está desaparecendo e é preciso saber acompanhar sua morte, o que permitirá, por consequência, aproveitar a vivacidade do renascimento de quem está emergindo. Não são essas poucas caricaturas do tipo *Guignol's Band*, de que falamos neste livro, que frearão a mutação em curso, pois não passam de sombras insignificantes. Sabemos, com amarga sabedoria, desde Jó, o que vem: "*Sicut nubes...velut umbra*". Inútil traduzir, os mortos-vivos deixarão o lugar que ocupam indevidamente, pois num dialeto, ao mesmo tempo, confuso e inútil, esses "teoristas" têm, é bom dizê-lo, o cérebro muito reduzido; sobretudo, não conseguem mais enganar com suas contrafações; sabemos que não existe ligação alguma entre a vida e essas abstratas elucubrações bizantinas. O importante, além da desconstrução que aconteceu, é ver a nova construção em gestação, pois, além da recusa aos rancores macerados da opinião publicada, é preciso saber ver e ouvir as afirmações diárias que, cada vez mais, a vida cotidiana põe e impõe. Saber localizar o "sim, apesar de tudo" à existência pronunciado pelas múltiplas tribos que constituem o incontestável mosaico societal com pouco ruído ou no furor explosivo.

Isso é, para os que sabem ler, o que nós, em filigrana, tentamos escrever, porque, nesses tempos de escassez, é necessário ter algum alimento revigorante. Cada palavra ajustada e afiada, até a menor palavra sintonizada com o espírito do tempo, indica onde nós estamos e para onde vamos. Ao mostrar que uma época se acaba e ao sublinhar que as elites que representavam a modernidade não são mais representativas, identificamos o princípio gerador que a move a época que se abre e a necessidade de considerá-lo e de apreciá-lo. Um parêntese se fecha e outro está se abrindo.

Achar as palavras para curar os males. Eis um enunciado que merece ser repetido! Pois são essas palavras pertinentes que permitem ultrapassar o *pot-pourri* de todas as ideias escoadas que nos reservam, *ad nauseam*, as elites extenuadas. "Elites" que se contentam em ronronar no *mundinho* seguro de suas pequenas tribos jornalística, política ou de experts juramentados. Podemos, aliás, perguntar se não é por isso, dado que funcionam em clãs, que os diversos protagonistas da opinião publicada veem *comunitarismo* por toda parte, num eterno fenômeno da projeção! Certamente estão de tal forma obcecados por seu mundinho que o verdadeiro mundo lhes escapa. Não registram o princípio vital em obra na pós-modernidade que está surgindo, ou seja, o *querer-viver* trabalhando em profundidade o corpo social e se expressando nas múltiplas formas de solidariedade e de generosidade que aparecem aquém e além do Estado-Providência e de suas numerosas (e inúteis) instituições. Obnubilados pelo racionalismo das Luzes modernas, eles são por elas ofuscados, ou seja, são incapazes de ver e de compreender a vitalidade e mesmo a inegável emoção vitalista que percorre o corpo social.

Tal verdor, feito de paixão e de emoções compartilhadas, é, certamente, um tanto selvagem, mas qualquer momento novo apresenta riscos; a selvageria moderna, da qual a moda, a arte, a música, a publicidade e os jogos eletrônicos são exemplos, lembram-nos de que *Homo Sapiens* quer dizer também alguém que "saboreia". O retorno da sensibilidade, o recurso ao sensível, aí está bem presente; portanto, é preciso saber pensá-lo. Essa lúcida e profética observação de Joseph de Maistre poderia, nesse sentido, ajudar-nos: "O verdor leva à maturidade, a podridão não leva a nada"[91].

As elites em ruína estão podres: jornalistas conversadores de fiado, experts arrogantes, políticos egoístas, altos funcionários autocentrados, todos esses que representam somente a si próprios, afastando-se do mundo real e, dessa maneira, favorecendo a emergência de tantos extremismos demagógicos. A podridão é, para parafrasear Péguy, a traição do místico, convertido em política estreita, em politicagem.

O verdor é dos povos que, para além do burguesismo cúpido, manifestam, nas mais diversas ocasiões, emoções e paixões coletivas, das quais as recentes diferentes primaveras são testemunhas. O verdor é das indignações e das revoltas espontâneas, das manifestações caritativas, de uma compaixão que destaca a importância do qualitativo, ou seja, o preço das coisas sem preço. Enfim, o *poder* temporal terá, cada vez mais, de contar com o *poderio* espiritual. Fiquemos no místico com esta imagem de Jakob Böhme lembrando que cada apocalipse é uma revelação: "*Lilienzeit*".[92] Bela metáfora. Sem qualquer outra conotação, guardemos sua significação essencial, a de uma renovação matutina, pois é bem disso que se trata; na centralidade escondida da sociedade oficiosa, o "Retorno do Tempo da Flor-de-Lis".

Só os livres de todos os preconceitos saberão, ao mesmo tempo, reconhecê-lo e acompanhá-lo. Os espíritos realmente livres!

Graissessac, novembro de 2013

---

[91] *Considérations sur la France*, Londres, 1796.

[92] *O tempo da flor-de-lis.*

Dos mesmos autores

Michel Maffesoli

A contemplação do mundo, Porto Alegre, Artes e Ofícios, 1995.

A miséria do mundo, Petrópolis/RJ, Vozes, 2003.

A parte do diabo, Rio de Janeiro, Record, 2004.

A república dos bons sentimentos, São Paulo, Iluminuras, 2009.

A sombra de Dionísio, Rio de Janeiro, Graal, 1985.

A transfiguração do político: a tribalização do mundo, Porto Alegre, Sulina, 2011.

A violência totalitária: ensaio de antropologia política, Porto Alegre, Sulina, 2001.

Apocalipse: opinião pública e opinião publicada, Porto Alegre, Sulina, 2010.

Homo eroticus: comunhões emocionais, Rio de Janeiro, Forense-Universitária, 2014.

No fundo das aparências, Petrópolis/RJ, Vozes, 2010.

O conhecimento comum: introdução à sociologia compreensiva, Porto Alegre, Sulina, 2010.

O elogio da razão sensível, Petrópolis/RJ, Vozes, 1998.

O mistério da conjunção: ensaios sobre comunicação, corpo e socialidade, Porto Alegre, Sulina, 2009.

O ritmo da vida: variações sobre o imaginário pós-moderno, Rio de Janeiro, Record, 2007.

O tempo das tribos: o declínio do individualismo nas sociedades de massa, Rio de Janeiro, Forense-Universitária, 5ª ed. 2014.

O tempo retorna, Rio de Janeiro, Forense-Universitária, 2012.

Sobre o nomadismo: vagabundagens pós-modernas, Rio de Janeiro, Record, 2001.

Hélène Strohl
L'État social ne fonctionne plus,
Albin Michel, 2008.

OBSERVATÓRIO-GRÁFICO

Edições de livros, revistas e peças gráficas
51 3226-3560 / 84963690
observa@ig.com.br

Este livro foi confeccionado especialmente
para Editora Meridional em *Minion Pro*
e impresso na Gráfica Pallotti